Nara University

奈良大ブックレット

05

# 城から見た信長

千田嘉博　下坂 守　河内将芳　土平 博

ナカニシヤ出版

写真１　安土城の大手道

写真２　安土山を望む（中央の頂に安土城が聳えていた。びわ湖よし笛ロードより）

写真４　もう一つの信長墓所・阿弥陀寺
（京都市上京区寺町通今出川上る）
当寺の開山、僧清玉が本能寺の変後、信長、信忠父子や家臣らの遺骸を埋葬したと伝えている。現在の本能寺にも墓所がある。

写真３　旧二条城（信長が足利義昭のために築城）の石垣に使われた石仏の一部（京都市洛西竹林公園）

写真６　坂本城跡の湖岸から安土方面を望む
（坂本城址公園・大津市阪本２丁目の西近江路）

写真５　坂本城址碑
（同左。園内には明智光秀顕彰碑も並ぶ）

写真７　柳本陣屋・表向御殿（現、橿原神宮文華殿）　柳本藩主初代の織田尚長が創建したが、1830年（文政13）に全焼し、1844年（天保15）に再建された。その後、1967年（昭和42）に、柳本小学校内から橿原神宮に移築し復元された。

もくじ

# はじめに——城から見た信長

千田《せんだ》 嘉博《よしひろ》

本書は、織田信長とその子孫の城に城郭考古学、文献史学、歴史地理学の手法から大胆に迫り、城から新たな歴史を読み解くことを目指した。織田信長と戦国時代をめぐる研究は、近年大きく進歩した。従来、文字史料を中心に研究してきた戦国・織豊期であったが、そこに考古学の発掘調査が加わって、新たな知見が次々と明らかになってきた。また中世・近世の城や城下町が遺跡として認識されるようになって、改めて歴史地理学による都市プラン研究の重要性が高まってきた。都市の全体像がわからなければ遺跡のどこを守り、どこを調査すべきかを判断できない。発掘しても何を見つけたのかを正しく評価できないからである。

だから激動の戦国時代、そして中世・近世の城と町を究明するには、ただ文字史料を理解するだけでなく、考古学の発掘と歴史地理学の成果を適確に理解して、はじめて全体像がつかめる。これまで以上に史学・文化財学・地理学が連携した新たな総合研究が要請されている。

奈良大学は創設以来、歴史研究、考古学研究、地理学研究の分野で大きな成果をあげており、分野を超えた先端的・複合的な課題も有機的に学ぶことができる。それは文学部の史学科、文化財学科、地理学科、国文学科を基礎にした通学部と、通信教育部文化財歴史学科の学びに共通した奈良大学の学修の特色である。

さて本書は、奈良大学文化講座として二〇一四年に開催した連続講座「戦《いくさ》の城と政《まつりごと》の城」をもとに、報告者が全面的に加筆・修正し、最新の知見を加えて構成した。

千田嘉博「近世城郭の成立」は、信長の城がもった歴史的意義を問い直し、安土城成立に至る過程を捉え直した。

下坂　守「近江の城と信長」は、信長に立ちふさがった寺院勢力、浅井・朝倉連合軍と苦渋の戦いをつづけ、のちに本拠とした安土城を築いた近江に着目し、近江の諸城から信長の天下統一の構想を解き明かした。

河内将芳「京の城と信長」は、信長はなぜ京都に自らの拠点の城を築かなかったか、なぜ本能寺の変は、本能寺で起きたのか、信長と京都の関係を、史料を駆使して読み解く。のちの秀吉、家康と京都の関係の違いを含めて、きわめて示唆的な論考である。

土平　博「近世大名織田氏の所領と陣屋」は、信長後に近世大名としてつづいた織田家の陣屋を歴史地理学の手法で丹念に復元した。この論考によって、はじめて近世織田家の陣屋の実像にふれる読者も多いに違いない。そして織田家の陣屋プランが近世のなかでどう変化していったかを実証的に解明した。織田氏の陣屋に限らず、近世の陣屋と陣屋を核とした都市プランをどう理解していくか、重要な研究課題に直結する論考である。

なお奈良大学文化講座では、山田正浩「朝鮮時代の邑城について」報告によって、東アジアの視点から信長と日本の中世・近世城郭を相対化して把握した。これについては別途公刊することとして、本書に収録しなかった。

本書を通じて奈良大学で歴史学、考古学、地理学を学ぶ醍醐味を、読者のみなさまが実感していただけることを願いたい。

（奈良大学　学長）

# 第1章

# 近世城郭の成立
## ――安土城の歴史的意義を考える

千田《せんだ》　嘉博《よしひろ》

## 一　城郭研究のいま

### 考古学から城を考える

城は今たいへんな人気である。しかし社会現象といえるほど城の人気が高まったのは、比較的最近のことといってよい。十年ほど前まで「城が好き」「城めぐりが趣味」という人は、中高年男性にほぼ限られていた。城は渋い男性の文化的な趣味の範疇《はんちゅう》に留まっていた。さらに遡って、私が奈良大学の学生であった三十年ほど前、社会一般の風潮は、少しも城好きにやさしくなかった。城を探険するために「一緒に山に登り、昼なお暗い藪《やぶ》の中に入りましょう」と声をかけて、よろこんでくれる人はきわめて稀《まれ》か、皆無だった。

そして城を研究することへの冷たい風潮は、社会一般に限らなかった。私が奈良大学の文化財学科へ進学を決めたとき、公務員の叔父から、「嘉博君はもっと人生を真剣に考えるように。文化財学科に入って城を研究するなんて、夢のようなことを追いかけるのではなく、もっと堅実な生き方を考えなさい」と説教された。

学問としての考古学分野でも、考古学の方法で城を研究することに対して否定的であった。学生時代に発掘に参加させていただいた奈良県の考古学研究機関の所員からは、「千田は奈良のすばらしい弥生時代の遺跡や古墳が目に入らないのか。城なんてつまらないものはやめてしまえ」と怒鳴られた。

卒業論文をまとめるために、山城の発掘を進めていた教育委員会を訪ねて学芸員に教えを請うたところ、「考古学で城を研究するのは無理です」と宣告された。もちろんあちこちの教育委員会を訪ねて多くの懇切な教示を得たのだが、考古学の方法で城を研究することは、専門家でさえ懐疑的に捉えていた時代であった。

一九八〇年代はすでに城の発掘調査は各地で行われていた。しかし、そのほとんどは開発前の緊急調査としてであって、ほとんど平地の集落を発掘するように城の発掘も実施されていた。考古学の独自の視点から城を捉え、城をつかむための適切な調査方法を選択し、その成果をもとに歴史を叙述するという研究視角はまだ確立していなかった。

## 城ブーム

ところが今や日本各地はもちろん、韓国などの海外の城まで探険して、武将と城を楽しむ体感型の歴史探訪がすっかり定着した。とりわけ「城ガール」と呼ぶ女性グループによる城歩きのスタイルの広がりは目覚ましく、SNSには女性限定の踏査会の告知や、踏査成果の報告が目白押しである。

城を好きになるきっかけは、どこからでもよい。二十一世紀第1四半期にマンガやアニメ、ゲームという新しい城好きになる扉が開いたことで、城に興味をもつ若者が激増し、女性の熱烈な城ファンが出現したことは、歴史上画期的だと思う。多くの人が城に興味をもつことで、各地の城の入城者数は右肩上がり。城をテーマにした講演会、出版、展示は驚くほど増えた。大きく社会一般の城に対する考え方も変わった。また城の学術的な発掘調査は全国で途切れなくつづいており、発掘成果にもとづいた城の整備が活発に進んでいる。学問分野としての考古学の城に対する意識も大きく変わった。

「天空の城」として知られる兵庫県の竹田《たけだ》城は、今日の城ブームを象徴する。竹田城は見学しやすいとはいえない山城で、天守も櫓《やぐら》も門も残ってはいない。現地を訪ねても、ただただ石垣があるだけだ。ひとむかし前なら、建物としての天守＝城であり、建物が残っていなくては、人が集まる観光地になる可能性は皆無であった。その結果、各地で史実を無視した天守まがいの建物がいくつも建ち、城を壊してきた。

石垣しかない竹田城が、これほど多くの人を集め、これほど多くの人を感動させるようになるとは、誰が想像しただろう。ニセモノの天守まがいの建物ではなく、ホンモノの城の石垣の美しさ、力強さが、現代の人びとを魅了している。もちろん巧みな宣伝はあったにせよ、実際に城を訪れた人に感銘を与えなくては、人気は持続しない。石垣しかない城の魅力が人びとに共感される日が来たのは、本当に感慨深い。

## 城の軍事性をどう理解するか――大河ドラマ「軍師官兵衛」

城が大人気になったことはすばらしいが、城をどう理解するかという観点で、課題を示したい。本書を手にとって下さっている読者のなかには、二〇一四年のNHK大河ドラマ、岡田准一主演の「軍師官兵衛」を楽しくご覧になった方が少なくないだろう。黒田官兵衛の父・職隆《もとたか》は、兵庫県の姫路《ひめじ》城を本拠にした。だからドラマ序盤には戦国の姫路城が毎回登場した。NHKは撮影にあたって、黒田氏時代姫路城セットを戦国の城として忠実につくったと主張し、NHKの「軍師官兵衛」ホームページでも特に図解するページを掲載した(1)。

確かに黒田氏時代の姫路城セットに、石垣や瓦を使っておらず、この点は正しく戦国の城イメージを押さえたと評価してよい。しかし私は「軍師官兵衛」の黒田氏時代姫路城で復元した塀と馬防柵《ばぼうさく》は、検討が必要だと思う。

黒田氏時代姫路城セットは、曲輪《くるわ》（防御した平場）の周囲に塀をめぐらした。城だから防御の塀をめぐらしたのは当然で、それ自体はおかしくない。ところが塀の内側に近接して、馬防柵もつくっていたのである。塀と内側の馬防柵との組み合わせは、官兵衛と職隆の会話シーンをはじめ、しばしば登場した。放送では塀の内側に馬防柵があると、いかにも戦国の荒々しい城という感じになって、雰囲気は悪くない。しかし馬を防いだ柵であった馬防柵は、塀の外、つまり城の外に設置して騎馬武者の突入を防いだ。城兵は塀の内側で自身の安全を確保しつつ、馬防柵で足止めした騎馬武者を弓矢や火縄銃で撃退した。だから馬防柵は城内ではなく、城外にあってはじめて機能した。

NHKの黒田氏時代姫路城セットで復元した馬防柵を子細に観ると、馬防柵を塀の内側にほとんど密着するように建てていた。これでは塀と馬防柵との間に城兵が入るのはきわめて困難ではないか。だから塀の内側に築いた馬防柵は、城に迫る敵の撃退に役立たなかっただけでなく、城兵が塀際の守備配置につくことをも阻害した。

見栄えやわかりやすさの追求は、ドラマとして必要だろう。しかし実際にはあり得ないものを復元して、それらしく見せかけるというのは、決して望ましくない。基本にすべきは、どう城を守ったのかを考える意識ではないか。姫路城が攻められたら、自分がどう城を守るかをＮＨＫもイメージしてほしい。

私たちなら塀で身を守りつつ、弓矢や火縄銃を撃って城の防戦に努めるだろう。ところが塀の手前に近接して馬防柵があると、塀に駆けつけようとしても、馬防柵が邪魔でたどり着けない。大河ドラマの姫路城を観る限り、軍師・官兵衛が戦国の戦乱を生き抜けたのは、奇跡のように思えて仕方がない。

## 城郭考古学の可能性

近世の城はもちろん、戦国の城もずいぶん理解されるようになってきたとはいえ、先に見た「軍師官兵衛」のように、歴史のなかの軍事性を適確に歴史資料として理解するのは難しい。城から歴史を考えるときに、いったい城の何をつかんで、そこからどんな歴史を叙述しようとするのか。現地を歩けば曲輪や堀、土塁（防御のための土手）が見え、発掘調査をすれば個々の建物や使用した道具が見つけられる。多種多様な物質資料群はそこに見えている。しかし見えているからといってそれらを把握して適確に理解するのは容易というほど、城郭考古学は単純でない。

城は防御の機能、政治の機能、生活の機能を合わせもった。このなかで戦いに備えた防御の機能が、城としての本質的な特色であった。いかに豪華な邸宅であっても、それだけでは城とは呼ばない。逆に立派な御殿《ごてん》はなくても、堀や土塁《どるい》をめぐらして防御機能をもてば、それはまさに城であった。

文献史学も考古学も城を史料（資料）として研究を進めてきたが、防御機能、つまり軍事を、歴史を読み解く資料としてどう理解するかを、これまで歴史研究は十分深めてきたとはいい難い。人類の歴史に現れたさまざまな城や防御施設が発揮した防御の意味、築城主体とそれを規定した社会がもった軍事を、歴史研究の資料として、適確に理解する必要があると思う。とりわけ軍事的編成は権力と不可分に結びついていたため、社会構造の根幹に関わった中・近世社会を研究するのに、城郭《じょうかく》考古学は大きな意味をもつ。

さらに中・近世の城郭は埋蔵文化財のひとつだが、歴史資料としてすぐれた特質を備えている。それは遺跡が完全に埋まりきっていないという特質である。だから大学の研究者や自治体の学芸員といった専門家だけでなく、誰でも広く歩いて地表面から観察して、城の調査研究を行える。城郭研究は市民にもっとも開かれた歴史の研究分野である。

卑弥呼《ひみこ》の宮殿にせよ、大王の古墳にせよ、まずは専門家の調査があって、その成果が市民に還元される。残念ながら調査の領域に市民が立ち入るすき間は、ほぼない。それに対して城郭研究では、文字通り市民とともに地域の城の歴史的意義を考えられる。じっさいに城郭研究は市民が担う民間学として、歴史研究分野で卓越した成果を上げてきた(2)。

そして調査研究からはじめて、城をいかに保存して、まちづくりに活かすかについても、市民との協業・共有がもちろん可能である。保護・整備された城は、地域固有の歴史を体感する場として、自然に親しんで体を動かす空間として、コミュニティーの魅力を高める。城郭考古学が果たす役割は、これからますます重要になると思われる。

## 奈良大学で城郭考古学を学ぶ

私は中学一年生から城好きになって、図書館に通って資料や近世の地誌を調べ、中世の城跡を訪ね歩いていた。そして城郭研究を志して奈良大学に入学した。奈良大学には当時から学生による城郭研究会があった。私はすぐに入部して、友人とともにあちこちの城跡探険にでかけた。奈良大学は奈良にあり、奈良には四百か所を超える城跡がある。さらに近隣の大阪、京都、滋賀には、まさに戦国武将や寺社が天下をかけて争った城跡が綺羅星《きらぼし》のごとく残されている。

そうした城を学生時代にひとつひとつ歩いた経験は、その後の研究にたいへん役立った。平日は大学で専門の講義を受け、週末は各地の城を自主的に訪ねて学ぶというのは、まさに城を学問として極めるのに最高の環境ではないか。さらに奈良大学の図書館には全国の発掘報告書が、まさに全国屈指というほど揃っていて、即座に目指す本を手にできた。

考古学分野の研究室をもつ大学は各地にあるが、中・近世の考古学の専門家を配置し、調査・研究から保存・活用まで一貫して教育・研究できるのは、全国に奈良大学の文化財学科をおいてほかにない。さらに史学科には中・近世史の専門家が、地理学科には歴史地理学の専門家がいて、物質資料に留まらず、城郭をとりまくすべての研究方法も合わせて学べる。城郭研究をはじめとする歴史考古学を極めるのに、奈良大学は最善だと思う。

遺跡に接し、歴史を体感しながら深く専門分野を学ぶ奈良大学の特色は、常に一貫している。現在の奈良大生も、受け身で講義を聴くだけでなく、ぜひ積極的に遺跡を訪ね、自ら学び、考えるように期待したい。

さて、奈良大学の学生のころから興味をもって研究を進めたテーマのひとつが、近世城郭の成立であった。今回は近世城郭の成立を捉えるために、信長の城を中心に話を進めていく。戦国期から近世にかけてなぜ城は変わったのか。天守や石垣をもち、本丸《ほんまる》・二の丸・三の丸といった階層的な構造をもった城郭がどうして近世城郭として成立したのか。文字史料からの研究ではわからない課題を、文化財学的研究視角から解明していこう。

## 二　信長の城の原点——勝幡城

### 伝統的な館城であった勝幡城

名古屋市蓬左《ほうさ》文庫所蔵「中島郡勝幡《しょばた》村古城絵図」は、織田信長が産まれた愛知県稲沢《いなざわ》市・愛西《あいさい》市の勝幡城を描く（写真1）。絵図が描いた勝幡城は、すでに廃城になった江戸時代の姿で、信長の時代以降に改修を受けた結果も加わっていると想定される。だから絵図の状況を、信長誕生時の勝幡城とはいえない。しかし、およその状況は絵図から考えられる。

絵図によれば勝幡城は基本的に四角く堀をめぐらせ、土塁を内側に備えた館城《やかたじろ》（「かんじょう」とも）のかたちだったとわかる。実は信長が産まれた頃の尾張では、文字史料では、○○城と記されても、いずれも館もしくは館城であった。信長が尾張を統一する過程で居城にした清須《きよす》城や、清須城と並んで尾張の政治拠点であった岩倉《いわくら》城も、大きな館に堀や土塁を強化して防御力を高めた館城であったと判明している。

清須や岩倉といった中心の館城の周囲には、家臣の館がいくつも存在した。中心の館城は、周囲の館と比べて規模は大きかったが、城郭構造は矩形《くけい》の館を基本にした点で根本的な差異をもたなかった。だから清須城・岩倉城と周囲の館群は、相対的な館の大・小という横並びの関係をもち、ゆるやかな階層性を備えた館の群在として城下町の中心を構成した。

　このような館城の直接の手本として、室町・戦国期の京都の上級武家屋敷をあげることができる。狩野永《かのうえい》徳《とく》が描いた「洛中洛外図屛風《らくちゅうらくがいずびょうぶ》」の細川管領《かんれい》邸などは、そうした館の姿を伝える絵画資料といえる。また考古学からも、当時の館の様相をつかみつつある。岐阜県飛騨市にある国《くに》史跡《しせき》江馬氏《えまし》下館《しもやかた》は、発掘調査で館内部の構造が判明してきた。

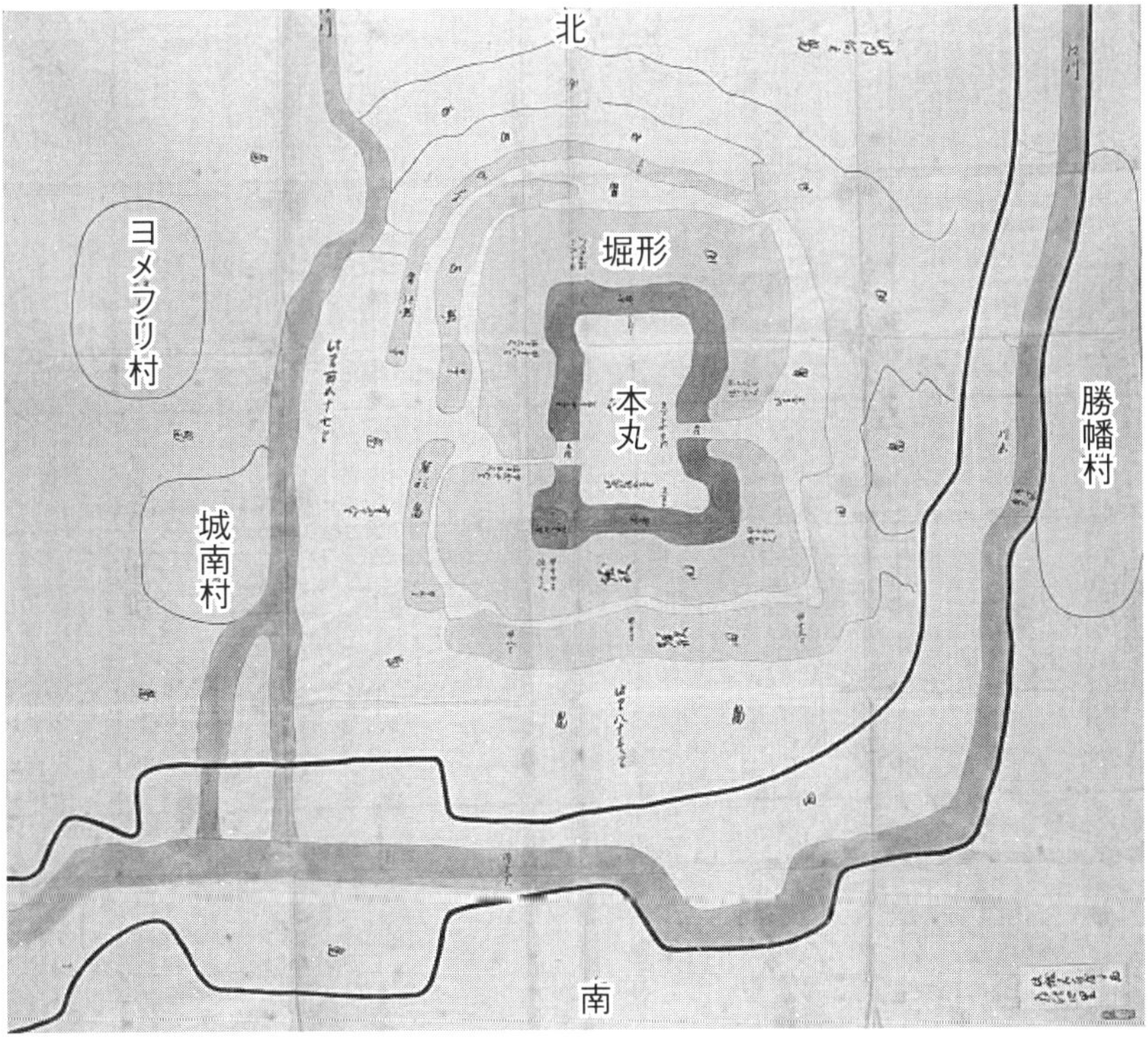

写真１　中島郡勝幡村古城絵図（名古屋市蓬左文庫蔵）

写真２　江馬氏下館（岐阜県）の復元された会所

写真３　勝幡城を貫いて開削された日光川

館は正面に正門（礼門《らいもん》）と通用門の二門を開き、正門を入ると儀礼のための広場（空地）があった。広場に面して正面に遠侍《とおさむらい》や対面空間としての主殿が建ち、その脇には庭園と組み合わせた宴会・文芸空間であった会所《かいしょ》が並び建った（写真２）。江馬氏下館は京都から遠い飛騨にあったが、まさに折り目正しい武家儀礼に則った館として築かれた。足利将軍の奉公衆として都で将軍に近侍《きんじ》した来歴をもつ江馬氏の館にふさわしい。

さて信長が生まれた勝幡城については、館の内部の建物配置がわかる具体的な絵図は伝わっていない。また城跡の中心部は、江戸時代に開削された人工運河・日光川によって破壊され、発掘調査で解明できる可能性は失われている（写真３）。しかし一五三三年（天文二）に勝幡城の織田信秀を訪ねた公家山科言継《やましなときつぐ》の日記『言継卿記《ときつぐきょうき》』は、「目を驚かすみごとな建物だった」と述べていて、都の上級武士の館に勝るようなつくりであったと判明する。

つまり勝幡城は田舎風の館ではなく、主殿や会所を備えた折り目正しい武家儀礼に則った館であったと考えられる。信長といえば改革派のイメージが強いが、信長の城は室町・戦国の伝統的な館からスタートしたのである。同時代の天文期には各地で本格的な戦国期拠点城郭（軍事・政治・居住の機能を統合した大名の本拠としての大型山城）が続々と出現しており、室町期以来の館城は決して先端の城ではなかった。勝幡城では、伝統的な城からその後の信長の城づくりが出発したことを、改めて確認しておきたい。

## 三　近世城下町の原形
### ——小牧山城と城下

### 小牧山築城の歴史的背景

信長は一五六三年（永禄六）から愛知県小牧市に所在する小牧山《こまきやま》城を築いた（図1）。その三年前の一五六〇年（永禄三）

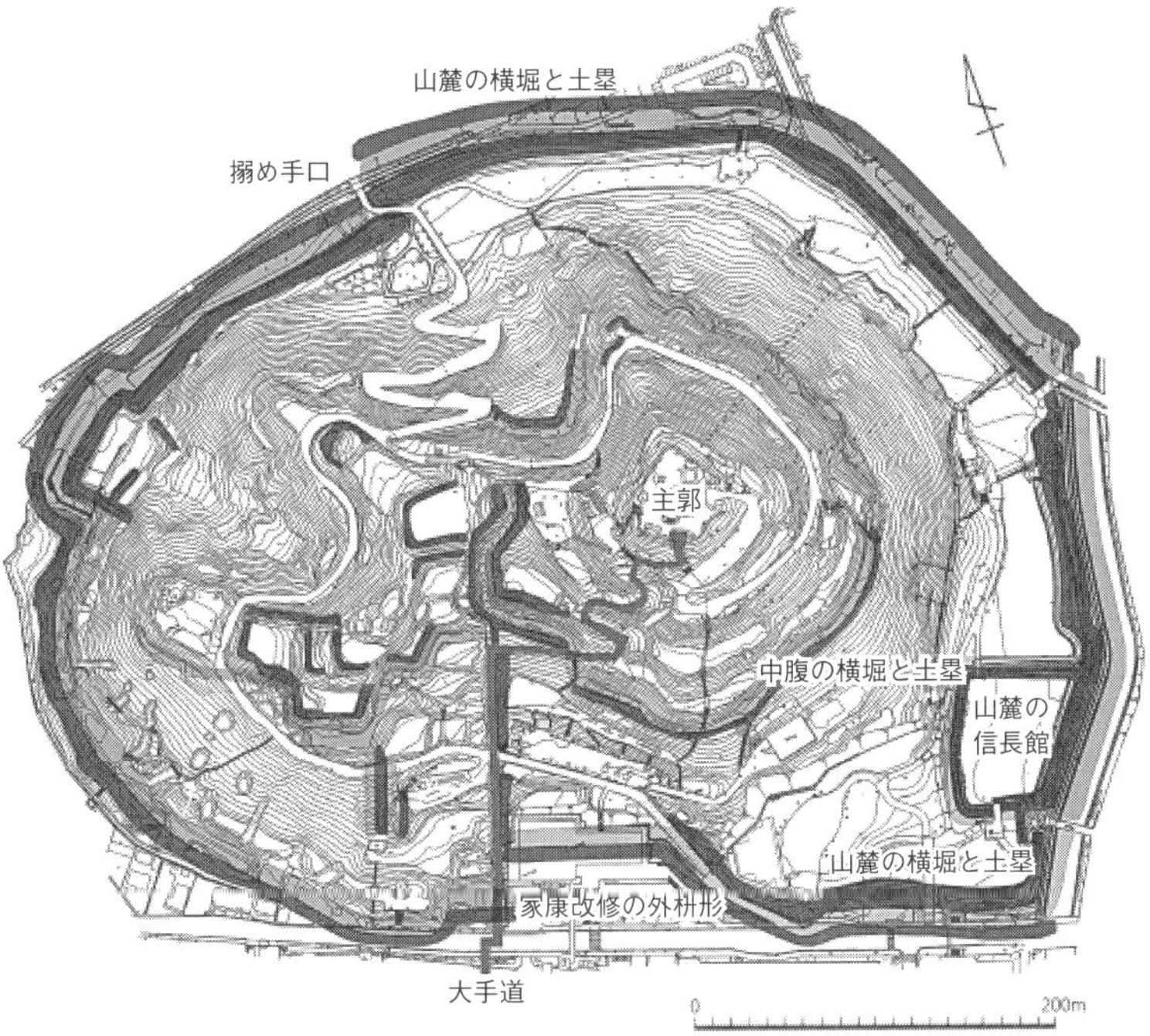


図1　小牧山城（小牧市教育委員会測量図に加筆）

の桶狭間《おけはざま》の戦いで、信長は今川義元を破り、ほぼ実質的に尾張の領主になっていた。桶狭間の戦いのとき、すでに信長は尾張においてもっとも有力な武士であったが、尾張の領主ではなかった。信長は守護の斯波義銀《しばよしかね》を推戴《すいたい》し、その正当性を背景に政治を行っていた。

しかし一五六一年（永禄四）に信長は、謀反を行ったとして斯波氏を、足利氏一門の吉良氏・石橋氏とともに国外へ追放し、名実ともに尾張の領主となった。桶狭間の戦いの段階には、信長は尾張の武士をまとめるシンボルとして守護の斯波氏を必要とした。そうして実力を蓄え、最大の脅威であった今川義《いまがわよし》元《もと》を討ち、徳川家康と同盟して信秀の時代からの三河との紛争に終止符を打ち、尾張の武士たちを家臣として従わせることに成功した信長に、義銀を推戴する必要はなかった。

写真4　小牧山城全景（山麓にあるのは取り壊された小牧市役所旧庁舎）

こうした政治上の変化を受けて信長が築いたのが小牧山城であった。この点はさらに留意されてよいだろう。小牧山は平らな濃尾《のうび》平野にある比高五〇メートルほどの独立丘陵である。山というより丘といってもよいほどの高さだが、従来の平地館を基本にした館城しかなかった尾張の城郭構造から考えると、城の立地も構造も大きく変わっており、信長の小牧山築城が、信長と尾張の城にとって、いかに画期的なできごとであったかがわかる（写真4）。

小牧山城は一五六三年（永禄六）から信長が築城をはじめた。当時の信長は美濃の斎藤氏との戦いをつづけていた。しかし斎藤氏の本拠であった稲葉山城を直接攻める作戦はうまく行かず、犬山を経由して木曽川を越え、岐阜県富加《とみか》町の堂洞《どうほら》城などを攻略して中濃《ちゅうのう》から稲葉山城に迫る作戦に転じた。そして一五六七年（永禄十）に美濃の斎藤氏を国外に追い出し、信長は斎藤氏の稲葉山城を岐阜城と改めて本拠を移した。だから小牧山城は一五六三年から六七年にかけた五年間という短期間の居城であった。

その後、小牧山城は再度、歴史の舞台に登場することになった。一五八四年（天正十二）に起きた小牧・長久手の戦いに際して、小牧山城が徳川家康と織田信長の息子信雄《のぶかつ》の本陣になり改修を受けたのである。だから小牧山城は信長と、家康・信雄の城が混ざった状態で残され、発掘調査が進むまでは、厳密に信長の小牧山城の構造を分析できなかった。

## 少年の日の疑問

城を歩きはじめた中学生のころから小牧山城は、私にとって魅力的な城のひとつだった。全山に残る壮大な小牧山城の遺構は、尾張の戦国期城郭として最大規模であった。現地に残る堀や土塁をたどりながら、いつかこの城の研究に取り組みたいと願っていた。そして現地をいく度も歩くうちに、小牧山城は城下を備えた本格的な城ではなかったかという疑問が湧いてきた。

しかし奈良大学を卒業して名古屋市見晴台《みはらしだい》考古資料館の学芸員として勤務しはじめても、小牧山城の本格的な発掘は行われなかった。古くから国史跡であった小牧山城は守られていたが、史跡整備の機運はなく、整備を目的とした調査でなければ、発掘の機会はなかったからである。

また小牧山城が本格的な城であったなら、当然、城下町もあったのではないかと考えていたが、小牧山城は美濃攻めの一時的な砦で、城下の町はなかったというのが、当時の通説であった。そのため城下町は埋蔵文化財包蔵地として指定されていなかった。本当は大規模な都市遺跡がそこにあるのに、遺跡として認識されていなかったのである。遺跡ではないのだから、どんな工事があっても発掘は行われなかった。だから当時、小牧山城や小牧城下町を研究しようと志したとき、研究を進めるための考古学的な資料や、発掘報告書はまったくなかった。

たとえすぐれた着想であっても、分析するための資料が皆無では、着想を研究に深められない。このときも、ふつうならあきらめてしまうような状況だったと思う。しかし発想を変えて、奈良大学の学生のときに地理学の藤岡謙二郎先生から学んだ歴史地理学的な研究を、考古学的な研究と合わせれば、小牧山城と小牧城下町の新評価を提言できると考えた。

奈良大学の文学部には、文化財学が孤立してあるのではなく、史学、地理学、国文学と密接に連携して学科が存在している。だから文化財学科で考古学を学びながら、同時に歴史地理学の研究方法を深く学ぶことができた。奈良大学の文化財学科は各地の大学にある文化財学系の学科としてもっとも大きく、考古学についても中・近世の考古学の研究者がいて、最適な指導を得られたのもありがたいことだった。その伝統はもちろんいまも受け継がれている。

そうした奈良大学で身につけた多視点的な研究方法は、のちに学際研究を掲げた大学共同利用機関として創設された国立歴史民俗博物館に勤め、文献史学や民俗学、建築史などの多彩で卓越した研究者と、最先端の学際研究に取り組んだときにも、大いに役に立った。現地踏査、発掘成果を中心に、文字史料、絵図・地図資料、航空写真などを適宜組み合わせて分析を進めるという私の研究スタイルは、奈良大学での学びに源があり、学際研究の先進拠点である国立歴史民俗博物館で実践的に鍛えられて、できあがったといえる。改めてふり返ってみると不思議なもので、理想的な道筋をたどったように思う。

さて、考古学的な研究に歴史地理学の研究方法を組み合わせることに、小牧城下町を解明する突破口があると考え、絵図・地籍図と遺構観察をもとにした小牧城下町の都市プランの復元研究を発表した（千田一九八九）。この研究では小牧山城の南山麓《さんろく》に城と一体化した大規模な城下町が計画的につくられたと結論した。その後、小牧市教育委員会が一九九四年から武家屋敷の発掘を、二〇〇四年から町屋の発掘を行って、一九八九年に発表した論文と合致する遺構をすべての調査地点で検出した。小牧山城が城下を備えた本格的な城下町であったことが、考古学的な発掘調査によって証明されたのである。

中学生のときに抱いた素朴な疑問を、奈良大学に学んで学術的な課題として取り組む知識と技術を身につけて論文にまとめ、それが認められて検証すべき学説として多くの研究者に認識され、行政が動いて発掘調査を行い、ついに少年の日の疑問を、自らも関わって学術的に解決できたのは、研究者として幸せなことだと思う。

## 小牧市教育委員会による発掘

二〇一五年にも、主郭《しゅかく》（中世城郭の本丸をいう）周辺の発掘調査を小牧市教育委員会が進めている。主郭には天守を模した歴史資料館が建っていて、残念ながら主郭内の大部分の遺構を破壊している。それに対して主郭周囲の斜面には、信長時代の石垣が比較的良好に残っている。それを解明したのは、発掘調査の大きな成果である。小牧山城の主郭は、およそ六～八メートルの切岸《きりぎし》（防御のための人工急斜面）に石垣を施した。土づくりの城から石垣の城への大転換であった。

安土城やその後の近世城郭なら一〇メートルを越える切岸に対して、すべて一段の石垣で覆う高石垣を築いて守りを固めた。しかし一五六三年の小牧山城築城段階には、高石垣はまだ技術的に実現できなかった。そこで信長は、最大で高さ四メートル程度と復元される石垣を段々に築いた段石垣を用いた（写真5）。

小牧山城を信長が居城にしたのは足掛け五年間と短かったため、文献史学の研究は小牧山城を臨時の砦と評価してきた。しかし物質資料による考古学研究の成果は、信長が本格的な居城として、石垣を中心部にめぐらした本格的な居城として小牧山城を建設したことを明らかにした。小牧山城の構造は同時代でもっとも進んだ城づくりといえ、この城が臨時の砦でなかったことは、発掘調査によって明確になった。

小牧山城の本丸石垣が先進的な技術を備えていたため、一五六三年（永禄六）よりも新しい時期に築かれたと考える研究者もいるだろう。しかしその後の信長の動きから見ても、小牧城下町の町家が近世初頭まで存続したのに対し、武家屋敷は信長の岐阜移転と同時に機能を停止したことから考えても、信長が城を移した一五六七年（永禄十）から、小牧・長久手の戦いが起きた一五八四年（天正十二）までの間に、大規模な石垣を改めて小牧山城に築いた可能性は考え難い。

小牧山城の中腹から本丸にかけた石垣は少なくとも二段～数段におよんだと推測される。未発掘の斜面

写真５　小牧山城本丸段石垣（小牧市教育委員会による発掘）

を含め、石垣を施した段々の曲輪群が南側斜面を中心に、東側に折れ曲がって東西方向に伸びた大手道までつづいたと予測されるので、南側の段石垣は、合計で数段に達したことになるからである。これらの石垣の全貌はまだ完全にはつかめていないが、本丸最上段の石垣石材がひときわ大きな石材を用いたのに対し、下段石垣は小振りな石垣石材に留まっており、明らかな差が認められる。

さらにそこからジグザグの大手道に沿った本丸南斜面で確認できる石垣にも、大型の石材を用いた部分と、小振りな石材を用いた石垣の差が認められる。これらは相互に呼応しており、単純なつくり替えと評価することはできない。現状で推測できるのは、同じ段石垣であっても大型の石材を用いた主要な石垣段と、小振りな石材を用いた副次的な石垣段を組み合わせて、小牧山城の中腹以上の段石垣を構成していたことである。いたずらに石垣の一部分だけを取り出して、新しい技術、古い技術と論じようとするのは、まさに石垣を見て城を論じず、ということになりかねない。

## 佐久間の墨書石材——「割普請」の証し

本丸西側の石垣石材からは、墨で記した文字、つまり墨書が見つかった。赤外線写真による判読の結果、「佐久間」と記したとわかった（写真6）。石垣石材に名前を刻んだり、あるいは記号を刻んだりした「刻印」は、愛知県名古屋城、石川県金沢城、東京都江戸城、大阪府大阪城などで知られ

写真6　小牧山城本丸西面石垣から発見された「佐久間」墨書石材

ている。刻印は、誰がその石を持ってきたかを明らかにして、石垣工事現場での争いを避けるためのものだった。

名古屋城などの石垣工事は、多くの大名が分担した「割普請《わりぶしん》」で進められ、工区が細かく分かれていた。工事を競争させて進捗《しんちょく》を早める目的であったが、同時にそれぞれの担当者が運び入れた石を積み上げていったため、石材をめぐるいさかいが少なくなかった。そこで石の所有者を明示した印を刻んだ。石垣石材が切石になって、刻印が一般化する前には、刻印の代わりに墨で印や名前を書いており、小牧山城で見つかった墨書石材は、まさにそうしたものと評価できる。

このように考えると、信長の小牧山城の築城では、少なくとも本丸石垣の工事において、割普請を採用していた蓋然性《がいぜんせい》を指摘できる。小牧山城の具体的な築城過程を記した文字史料は残されておらず、墨書石材から築城の一端が明らかになった意義は大きい。この墨書石材が検出された周辺は、本丸石垣のなかでも特に大きな石を使った場所であった。発掘成果から石垣の形状を復元すると、北西に向けて張り出した櫓《やぐら》台があったと判明した。

きわめて興味深いことは、この櫓台から見える方向に稲葉山《いなばやま》城（のちの岐阜城）が遠望されることである。信長は、次の戦略目標であった稲葉山城を睨む位置に、象徴的な櫓を建てていた可能性がでてきたのである。この櫓は、安土城より前であるので天守（天主）とはいえないが、天守（天主）の前身となったものと位置づけられる。

## 小牧山城の大手道と城下

大手道についても、いろいろなことがわかってきた。例えば小牧山城は山の麓から中腹までは直線の大手道になっていて、中腹から山頂の主郭にかけては一転してジグザグの大手道になった。つまり山麓から山腹までの屋敷地部分の大手道は、屋敷地をつなぐのに適した直線道を選び、一方で石垣をふんだんに使い、防御を特に意識した中心部はつづら折りの大手道を選択したのである。つまり大手道は、小牧山城の城内の機能の違いに応じて、それにふさわしい合理的な形状に設計されていた。

従来の勝幡城、岩倉城、清須城といった城は、横並びで同じように四角く堀をめぐらした館城の集合体で、相互の差が明確でなかった。それに対して小牧山城で信長は、自分と家臣たちの差をはっきりつける方向に城づくりを大きく変えていったのである。

小牧山城の南側に新設された城下は、直線的な街路を設け、町家地区は南北方向を長軸とした長方形街区で区画した。個々の町家は短冊形の敷地に連続して並び、敷地奥の地尻《ちじり》には、北から南に排水を流した計画的な排水路を備えた。「鍛治屋町」の地名が残る地区の発掘では、実際に鍛冶職人の工房が発見され、一定度の同職集住が実現していたらしい。出土した遺物の年代観は、信長の小牧山築城から岐阜城移転までの間を中心にしており、城と城下を組み合わせて建設したのは明らかである。

石垣に象徴される山城にしても、計画的な都市構造をもった城下にしても、小牧はきわめて先進的な城下町だったと評価できる。従来は文字史料をもとに、信長が岐阜移転後に「天下布武《てんかふぶ》」朱印を用い、城下の市場に楽市の制札を下して税金免除を打ち出すなどしたことから、岐阜移転が信長の政策画期と理解してきた。

しかし小牧城下町の発掘成果から考えると、信長が尾張の領主時代から商業を重視した政策を採ったことが見えてきた。ひとつひとつ段階を経ながら岐阜城下の楽市制札、安土城下の「安土山下町《あづちさんげちょう》中掟書《ちゅうおきてがき》」へと展開していく出発点に、小牧があったといえよう。この点も、小牧城下町が信長にとって、いかに大きな転換点であったかを物語っていると思う。

# 四　天下統一へ――岐阜城

## ルイス・フロイスの岐阜城訪問

信長は一五六七年（永禄十）に稲葉山城を奪取し、岐阜城と命名して新たな居城とした。標高三二九メートル、比高三〇〇メートルもの高山に築いた山城で、歩いて登るにはかなりの覚悟が必要である（写真7）。しかし当時、岐阜城を実際に訪ねた人びとの記録によると、信長は山城に家族とともに住み、山の高さを苦にせずに登り降りしていたという。三十代前半の信長は体を鍛えていた。

一五六九年（永禄十二）六月に京都でのキリスト教の布教許可と支援を求めて、イエズス会の宣教師ルイス・フロイスが岐阜城を訪ねた。訪問時に信長は山城にいて、フロイスは信長に会えなかった。そこで翌日、山の麓の御殿で面会することになった。正式の対面行事は山麓の館で行ったと理解できる。岐阜城山麓には大名としての公権を象徴した政務と対面を行う御殿が存在したとわかる。

さらにその翌日、山城に招待を受けたフロイスたちは金華山《きんかざん》を登った。記述によれば、信長は自らの許可なしには誰にも山城への登城を許さなかった。フロイスの目撃談によれば、山城への城道の途中には城門を守った堡塁《ほるい》があって、武士たちが警備していた。そして山頂の山城では、信長は夫人や子どもたちと一緒にくらしていたという。昼には信長と息子がフロイスたちに食事の膳を運んだ（『日本史』）。身分の上下を一旦置いて、個人的に親密な関係をつくる儀礼は、室町期以降の武家儀礼では、平地の館の会所で行っていたが、そうした儀礼が大名の居住機能とともに山城内に機能移転していたと判明する。

また京都の公家、山科言継も同年七月〜八月にかけて岐阜城下に滞在した。このとき岐阜に到着した言継が信長に面会を申し込んだところ、信長は「城に上がり留守」と家臣から告げられており（『言継卿記』）、やはりフロイスのときと同様に、信長が山城に居住していたことを伝えている。二人の訪問者が、それぞれに記した内容が一致したことは、岐阜城の山城と山麓館の機能を考える上で、きわめて重要である。

## 岐阜城山麓の発掘調査

現在、岐阜城でも発掘調査が行われており、山麓の館（岐阜市が呼ぶところの「信長公居館跡」）の調査が進んでいる。フロイスや山科言継の記録によれば、信長は家族とともに山城に住んだと記しているので、岐阜市が山麓館を「居館」としたのは誤りといわなくてはならない。また岐阜市が公式に「信長公」と呼ぶのも適切だろうか。

個人として「信長公」と呼ぶのは、個人的な歴史評

写真７　岐阜城を望む

価としてあり得るだろう。しかし行政が手放しに歴史上の人物を英雄として顕彰しようとするのは、望ましいとは思えない。信長は楽市令を代表とした新たな都市政策を進め、近世城下町の成立をはじめとして、歴史上の大きな役割を果たした。

しかし一方で信長は比叡山を焼き、一揆の人びとを各地で皆殺しにもした。信長が行った明るい部分だけでなく、影の部分をも含めて評価してこそ、二十一世紀にふさわしい市民の歴史意識が醸成されるのではないか。「信長公」に象徴される岐阜市役所の認識が、発掘で見つかった岐阜城のすぐれた城郭遺構は、すべて信長に帰結するという暗黙のバイアスをかけることがないよう願いたい。

山麓館の発掘は進行中で、最終的な結論には到達していない。小牧山城には見られなかったような岩盤の巨石を切り出して、板状に立てて用いた石垣は、岐阜城の石垣の特色といえよう（写真8）。同様の石垣は山城にも用いられていたようすが断片的に見えているので、両者の石垣には共通性があったようだ。

山麓館は、何段ものつくりになっており、調査区外の現市街地に家臣たちの武家屋敷があったことになる。山麓館の最前面で、現在、岐阜市歴史博物館が建つ周辺に、信長が政務を執った表御殿や、正式の対面御殿があったと推測される。その奥の谷筋に入っていったところに、山麓の内向きの御殿空間や庭園があった。フロイスが詳述した山麓御殿は、この部分だと比定される（写真9）。

## 岐阜城で信長がめざしたもの

長良川の対岸から岐阜城を眺めてみよう。山頂には今、歴史的には根拠がない模擬天守が建っている。このため信長時代の詳細はわからないが、いずれにせよ山頂周辺に信長と家族が住んだ山城御殿が建ち

写真8　岐阜城山麓館のくい違い出入口

並んでいた。先に記したように信長の家臣たちは山城に勝手に登ることは許されず、信長が許してはじめて登城できた。そして家臣たちは、麓の屋敷地に住んでいた。

金華山の比高差三〇〇メートルもの圧倒的な高低差を用いて、信長は自身と家臣との差を驚くほど徹底的につけていたとわかる。信長は隔絶した高みにいて、家臣をはるか下に見下ろした（写真10）。家臣からの超越を、信長は金華山の地形と登城制限によって岐阜城でつくりだ

写真9　岐阜城山麓館

写真10　岐阜城全景

していた。フロイスの記録によると、家臣が信長と話したときは、信長の目を見て話す人は誰もおらず平伏して話し、話が終われば、信長の手振りひとつで稲妻のごとく全速力で下がったという。

あたかも絶対君主のような信長のふるまいであったが、フロイスが記した信長の行動は、岐阜城の構造とまさに一致した。そして信長と家臣との間は、ますます離れていったように見える。こうした家臣との隔絶が、信長を中心とした強い権力をつくり、信長の居所を中心とした階層的な城を生み出したが、それが本能寺の変を招いた要因になっていったのではないだろうか。

## 五　近世城郭の成立——安土城

### 安土城は行幸のための城か?

織田信長は一五七六年（天正四）から琵琶湖の内湖に突き出した山に安土城《あづち》をつくりはじめた（図2）。安土城は琵琶湖の代表的な港町であった常楽寺《じょうらくじ》集落を城下に吸収し、城が琵琶湖に直結して、京都につながった大津にも、岐阜につながった佐和山にも船で高速移動ができた交通の要衝であった。

滋賀県安土城郭調査研究所が発掘を行い、その成果にもとづいて安土城の大手道を整備した（写真11）。国特別史跡である安土城では抑制的な整備になっていて、発掘で確認された石垣や石段は復元的な整備が実施されたが、石垣の上に存在したはずの建物は立体復元されていない。

ここを歩くと、大手道が信長の権威をみごとに象徴した政治的な道であったことが、はっきりとわかる。

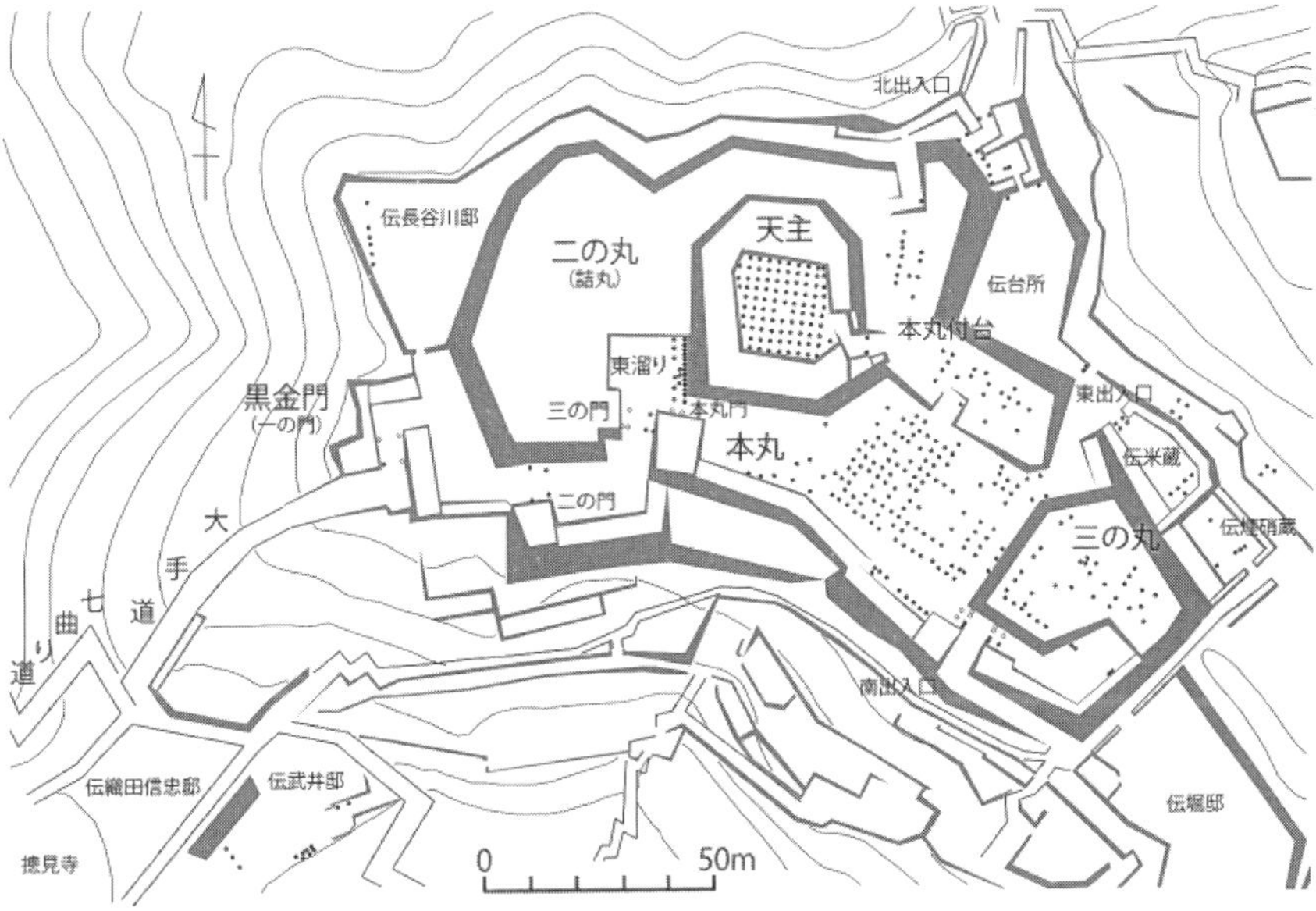


図２　安土城中心部（千田嘉博作図）

安土城の中心部周辺は高石垣で特に守られていた。その中心部に入る正門が、「黒金門《くろがねもん》」と伝えられるみごとな外枡形《そとますがた》の出入口であった（カバー表）。この黒金門はまさに山上の城の大手門に相当した。一般的に、城の中心部の正門とみなされる黒金門に、きわめて政治的な象徴性を帯びて伸びた山麓からの大手道が接続したと、考えるのがふつうである。

どのような城であれ、城の大手道が本丸正面の出入口に到達しなかったと考えるのは尋常ではな

写真11　整備された安土城大手道

い。それは城の構造理解において、特異な前提で城を解釈するのと同じだからである。そもそも城の外郭部の正面（たとえば三の丸）から発して、本丸の正面出入口に至ったのが、城内の大手道であった。

ところが滋賀県安土城郭調査研究所の公式の見解によれば、山麓から登ってきた大手道は伝織田信忠《おだのぶただ》邸で大きく山を迂回し、本丸南門にのみつながったという。滋賀県安土城郭調査研究所は、発掘によって大手道が黒金門に接続していなかったとしたのである。しかし本丸南門は、安土城中心部に開いた門のうち、もっとも小規模で簡略な出入口形態で、一般論からいって「搦手《からめて》口」相当の門といわざるを得ない。城郭構造の理解からいって、大手道がこの門に直接つながったとは、到底考えられない。

写真12　安土城黒金門付近（典型的な外枡形の形状を示す）

そこで伝織田信忠邸の発掘成果を再評価してみると、現在は大きなひとつの平場になっている伝織田信忠邸内には、もともとL形の本格的な石垣が築かれていて、段差をもったふたつの空間に分割されていたと判明する。石垣の破壊は江戸時代の十八世紀のことと推測された。そして安土城の大手道が石垣に沿って伸び、あるいは石垣に直面して方向を転じたことから考えると、伝織田信忠邸内で発見された石垣に沿って、L形に大手道も伸び、黒金門へとつづいた石段に合理的に接続したと無理なく復元できる。

滋賀県安土城郭調査研究所は先述のごとく、大手道が黒金門に接続していなかったと結論づけた。しかし発掘成果を率直に読み取れば、安土城廃城後の十八世紀に伝織田信忠邸にあった石垣が崩され、本来の遺構面が壊されたため、路面など明確な大手道の痕跡を考古学的にはつかめなかったと、改める必要がある。

そして発掘で発見していた石垣をもとに、改めて大手道の構造を考えれば先に述べたように、発見された石垣の屈曲に沿って、大手道は伝織田信忠邸の中央を伸びて、黒金門に直結した石段に接続したと分析できる。これがもっとも考古学的な証拠に忠実な解釈である。

それにしても滋賀県安土城郭調査研究所は、なぜ大手道は黒金門につながっていなかったと、強引に論じたのだろうか。滋賀県安土城郭調査研究所は文字史料から、安土城の大手道を当時の正親町《おおぎまち》天皇が計画した安土行幸《ぎょうこう》の特別な道であったと考えた。行幸計画があったという文字史料記述から、その見立てに沿って発掘成果を解釈し、ひとつのストーリーをつくっていったように思われる。そうした文字史料ありきで発掘成果を位置づけていった研究方法そのものに、問題があったのではないだろうか。

このため天皇行幸において、武家の象徴である安土城の中心部の外枡形・黒金門を天皇に通っていただくわけにはいかないとして、わざわざ格下の出入口形式の本丸南門に大手道が直結したとしたのではないかと思う。しかし黒金門に大手道はつながっていなかったという結論が、発掘によって得られた考古学的証拠に忠実な解釈であっただろうか。

いずれの城でも城内の主要道は、道であるがゆえにいくつもの副次的な城内道と接続した。どれが主要道であったかは、道そのものの把握はもちろん、城郭構造の理解とも不可分に結びついた問題であった。だから両方の視点のどちらを欠いても適切な評価にはたどり着けず、あらぬ出入口に道はつながる。

考古学研究において、発掘で検出した遺構と遺物による分析が研究の基礎であることはいうまでもない。一般論として、もし発掘成果よりも文献史料にもとづく見立てを優先して評価することがあれば、歴史考古学にとって、それは不幸なことである。

## 安土城大手道は行幸専用の道か

正親町天皇の安土城行幸計画が一五七六年（天正四）に、翌七七年の実現を目指して進められていたのは残された古文書から間違いない（「阿茶宛山科言継書状」）。この行幸は何らかの理由で実現しなかったが、計画を進めていた一五七六年はまさに安土築城の年にあたった。

滋賀県安土城郭調査研究所は、安土城の大手道が山麓から山腹までおよそ一〇〇メートルにわたってほぼ直線に伸びたのは、翌年に計画していた天皇行幸に備えたからだとした。城としての防御を無視した直線大手道は、安土城は城ではなく宮殿だったことを意味するとまで論じる研究者もいる。

復元された山麓の直線大手道を歩くと、確かに安土城の大手道が象徴性を強く意識した城内道であったと体感される。しかし現地を歩いてみると、滋賀県安土城郭調査研究所の評価に矛盾があることも、たちまち体感できる。天皇行幸のために直線にしたと説明しているのに、直線であったのは山腹までで、いよいよ傾斜が厳しくなり、高石垣が現れてくる山腹より上の大手道は、著しいつづら折れの屈曲道で、山腹までの直線大手道と性格をまったく異にしていたからである。

もし天皇の行幸が実現して天皇が輿《こし》で安土城大手道を登られたとすると、山腹までの一〇〇メートルは天皇も気持ちよくお進みいただけても、山腹以上の著しいつづら折れの屈曲道にさしかかった途端、天皇は輿の中で右に左にゆられてしまわれて、戸惑われたに違いない。安土城の大手道が直線だったというのは、山腹までの一部に限られていて、決して全体が直線ではなかった。大手道の一部にすぎなかった直線部分をことさら強調して説明したのは、決して望ましくない。

そして滋賀県安土城郭調査研究所がいうように、大手道が本丸南門に到達したとすると、もうひとつ大きな問題が発生した。この本丸南門はひじょうに小さな門であった。また発掘の結果、どんなふうに建物としての門が建っていたかも判明している。発掘成果によると、本丸南門に建っていた城門は、正面の伝三の丸石垣に道が突き当たった左右に、二つの門が向き合って建っていた。本丸南門を入って左（西）の門をくぐれば本丸へ、右（東）の門をくぐれば伝三の丸に入る仕組みになっていた。

城道幅しかない狭い空間に、異なる空間へとつづいた二つの門を向かい合わせに建てていたため、本丸南門は著しく狭隘《きょうあい》な様相を呈していた。この点も、本丸南門が主要な出入口ではなく、副次的な出入口であったことを明確に示している。そこへ天皇の輿が到着したと滋賀県安土城郭調査研究所はいう。もしその通りだとしたら、城道幅の狭さと城門前の空地の狭さによって、天皇の輿は本丸南門前でいかに切り返しても、引っかかって本丸に入れなかった。晴れがましい行幸で、本丸を目前に天皇の輿が立ち往生した事態は、戦国時代であってもひどい悪夢ではないか。

直線大手道は天皇行幸のためにつくられ、大手道は正面の黒金門につながっておらず、本丸南門から入る設計だったという滋賀県安土城郭調査研究所の説は、考古学的な証拠と矛盾しただけでなく、物理的に輿が本丸南門を通過できないという課題を抱えていて、そもそも成り立っていなかったといわなくてはならない。

滋賀県安土城郭調査研究所の説が、安土城以前の信長の城と比較しても、ほころびが見えることも指摘できる。一五六三年（永禄六）から信長が築いた小牧山城では、先に記したように大手道は山麓から山腹まで直線で伸び、山腹から山頂の主郭にかけては、著しいつづら折れの屈曲道になっていた。安土城の大手道が山麓から山腹にかけて直線区間をもったのが、滋賀県安土城郭調査研究所のいうように、特別な天皇行幸に起因したというのであれば、小牧山城の大手道も同じ理由によって成立したとしなくてはならないではないか。

ところが尾張をようやく統一した段階の信長が、天皇行幸を意図して小牧山城の大手道に直線部分を採用したと考えるのは、あまりにも荒唐《こうとう》無稽《むけい》である。信長が小牧山城と安土城に共通した大手道設計を採用したのは、天皇の行幸のためだったのではなく、まったく別の理由によってであったと考えなくてはならない。

## 安土城直線大手道の本当の理由

それではどうして安土城の大手道が山麓から山腹にかけて直線道として設計され、山腹から山頂の本丸にかけて著しいつづら折れの屈曲道として設計されたのか。発掘成果では、山腹の直線大手道の周囲には上級の武家屋敷が建ち並んでいたことが明らかになっている。つまり安土城内において、屋敷地をつなぐもっとも合理的な道として、山麓から山腹にかけた大手道を直線道にしたと考えられる。

こうした平場をつないだ直線道は、十六世紀第１四半期に戦国大名が防御と居住と政治機能を統合した戦国期拠点城郭を建設したはるか前から存在した山岳寺院でも塔頭《たっちゅう》をむすんだ道として多用された。そして信長は、多くの戦国期拠点城郭において、城内の大名と家臣の屋敷（曲輪）が、並立的に建ち並んだ城郭構造を克服するために、自身と家臣の屋敷に明確な差をつけて、求心的な城郭構造を一貫して確立しようとしてきた。安土城内の家臣屋敷をつないだ山麓大手道が複雑に屈曲し、個別の家臣屋敷が独立した防御性をもって、分立的な城郭構造に立ち戻ることを、信長は許さなかった。

それに対して安土城の山腹以上の城域は高石垣をめぐらし、天主と信長の常御殿を頂点に、安土城内でも特別な防御性を備え、城全体の核として明確な求心性を発揮した。だから、そこを貫いた大手道も屈曲した道にして、石垣や櫓、城門などと連動させて、卓越した防御性と求心性を明確に発揮したと分析できる。こうした石垣と道と諸施設による求心的な城郭設計は、小牧山城でも見られ、共通した。

安土城の大手道は天皇のためではなく、まさに信長のためのものであった。信長が家臣たちに対して超越した存在として臨み、安土山の頂上の上にさらに高く、大手道のはるか先にそびえた天主が、信長の権威と権力とを象徴したように、綿密に計算した上で大手道は、ある部分は直線に、ある部分は著しい屈曲道に建設した。

築城主体としての織田信長権力、信長の一貫した城づくりを踏まえて安土城の大手道の意味を読み解くと、天皇の行幸のためと考えた滋賀県安土城郭調査研究所の説が、いかに行幸のみに着目して導き出した結論だったたか、改めて浮き彫りになったと思う。信長は明確な意志をもって石垣や城道の配置を決め地形を活かして、自らと自らの目指す社会を実現するために安土城を築いたと、まとめておきたい。

## 伝羽柴秀吉邸の評価はよいか

山麓から山腹にかけた大手道の周囲には武家屋敷が並んでいた。安土城を訪ねた宣教師のルイス・フロ

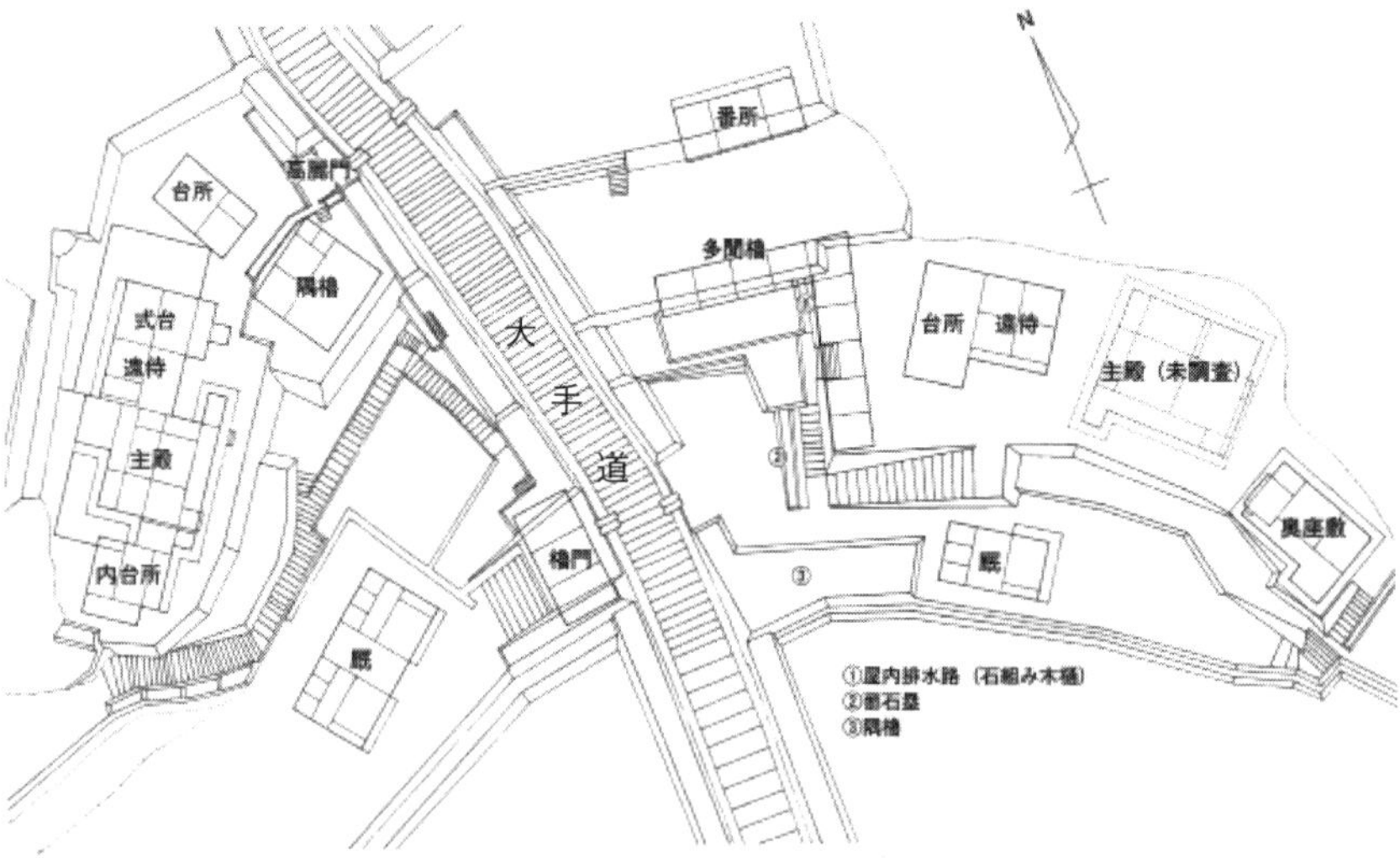


図３　伝羽柴秀吉邸：大手道の左側（滋賀県教育委員会による）

イスも、重臣たちの屋敷は城内にあると記したので、信長の重臣の屋敷は、身分ごとの序列を保ちながら、適宜城内に配置されたのであろう。そして発掘された安土城内の武家屋敷でもっとも整備が進んでいるのが、「伝羽柴秀吉邸《はしばひでよし》」と滋賀県安土城郭調査研究所がしたところである（図３）。

大手道西側に位置したこの武家屋敷は、発掘の成果をもとに、石垣によって囲った上下二段の平場がひとつの武家屋敷として機能したと結論された。ちなみに、大手道を挟んだ向かいは、「前田利家邸」と滋賀県安土城郭調査研究所は比定している。

発掘を元に整備され、建物を平面表示した伝羽柴秀吉邸は、城内屈指の立派な櫓門を下段平場に備えた。櫓門の内側には馬屋（厩）があった。馬屋の脇から奥にかけては石段があり、ふつうに考えると、その階段を登って、主要な建物がある上段平場に接続したと思う。ところがこの石段は、上段平場にはつながっておらず、隣接した別の空間へ行ってしまう。上下二段の平場で構成したひとつの「伝羽柴秀吉邸」であるはずなのに、上下段が接続していないという深刻な構造的問題を、滋賀県安土城郭調査研究所の復元は抱えている。

また上段の平場に入るために、一旦、下段の平場を出て大手道に戻り、上段平場が大手道に開いた高麗門をくぐると、その脇には台所がすぐにあって、台所の前を経由しないと「伝羽柴秀吉邸」の対面空間に着けない復元に、現状はなっている。室町・戦国期の武家儀礼では、武家屋敷は「表」「奥」に分かれ、「表」空間の前面に台所を配置したというのは、明らかに武家儀礼に反した。

だから滋賀県安土城郭調査研究所の「伝羽柴秀吉邸」の復元は、羽柴秀吉を武家儀礼も知らない無知な田舎侍として捉えたものといわなくてはならない。草葉の陰で秀吉は泣いていると、私は思う。そもそも上下二段の平場が、ひとつの武家屋敷であったと解釈してよかったか、ということから「伝羽柴秀吉邸」の再検討が必要ではないか。個々の武家屋敷をどう把握して、位置づけていくかは、今後の大きな課題である。

## 懸け造りだった安土城天主

安土城の最大の謎といえば、やはり天主をあげなくてはならない。日本の近世城郭を象徴した天主であったが、はじめて天主をもった城が安土城であった。しかし、短命に終わった安土城と運命をともにした安土城天主がどのような建物だったのかは、日本城郭史上の大きな謎になっている。

一般に「天守閣」というが、歴史用語としては「天主」「天守」が正しく、「天守閣」のように閣をつけたのは近代以降の俗称であった。たとえば「通天閣」は閣をつけた俗称の典型例。もちろん近世の古文書や城絵図が記したのは「天主」「天守」であって、決して「天守閣」とは記さない。城の研究を志す人は、少なくとも学術的な論述や発表では「天主」「天守」を使いたい。

　安土城天主にはいくつもの復元案が発表されている。それら学術的な復元案のすべてが、天主は天主台の上に収まって建っていたとしてきた。ところが安土城天主を考える根本史料になっている『安土日記』『信長公記』は、天主一階の平面規模として東西十七間、南北二十間と記したにもかかわらず、どのように天主台石垣を復元しても、それだけの長さがとれないという課題が残されていた。つまり、すべての安土城天主の復元において、記録の大きさよりも、一階平面規模が小さくなってしまっていたのである（写真13）。

　記録と実際の規模を合致させるためには、天主台から天主が張り出していたことになるのだが、近世の天守からさかのぼって安土城天主を復元しようとする限り、天主台から張り出した天主を想定することは難しい。しかし発掘調査で、きわめて興味深い遺構が発見されていたのである。

　安土城郭調査研究所の発掘によれば、安土城の天主台の西側直下に連続した礎石が検出された。礎石とは柱を支えた基礎の石のことで、この石の上に柱を立てていた。礎石は近接して並んでおり、天主台石垣に密着して建物が建っていたことは確実である。天主台西側直下の礎石は二列で、一間幅分の細長い特異な建物だったと復元できる（図4）。しかも柱間は七間（一二・一メートル）で、安土城天主地下階（穴蔵）に

写真13　安土城天主台石垣（西側「御白州」より）

残る礎石からわかる天主の柱間と一致した。

　こうした証拠を積み重ねていくと、安土城天主は少なくとも天主西側に天主が懸け造りで張り出していたと復元される。それでは石垣から張り出した懸け造り上部はどうなっていたのであろうか。そこで想起されるのが、バチカンにあった安土城の絵を模写したと伝えられる、フィリップス・ファン・ウィンゲの絵にもとづく安土城天主の版画である。

　天正遣欧《てんしょうけんおう》使節団によってバチカンにもたらされた狩野永徳の「安土城下図屏風」を、一五九二年（文禄元）にウィンゲは、バチカンの地図の間で模写したという。この絵には安土城天主の手前に幅一間の細長い建物が見え、その細長い特異な建物の最上階には、唐様の曲線をもつ手すりがあったようすを描いた（図５）。ウィンゲの絵はこれまでも知られていたが、あまりにも荒唐《こうとう》無稽《むけい》に思われて、西洋人による日本城郭への無理解に起因した錯誤といわれてきた。しかし、まさにウィンゲの描いた安土城天主に密着した幅一間の懸け造り建物が実際に存在したことは、滋賀県安土城郭調査研究所の発掘が証明していたのである。

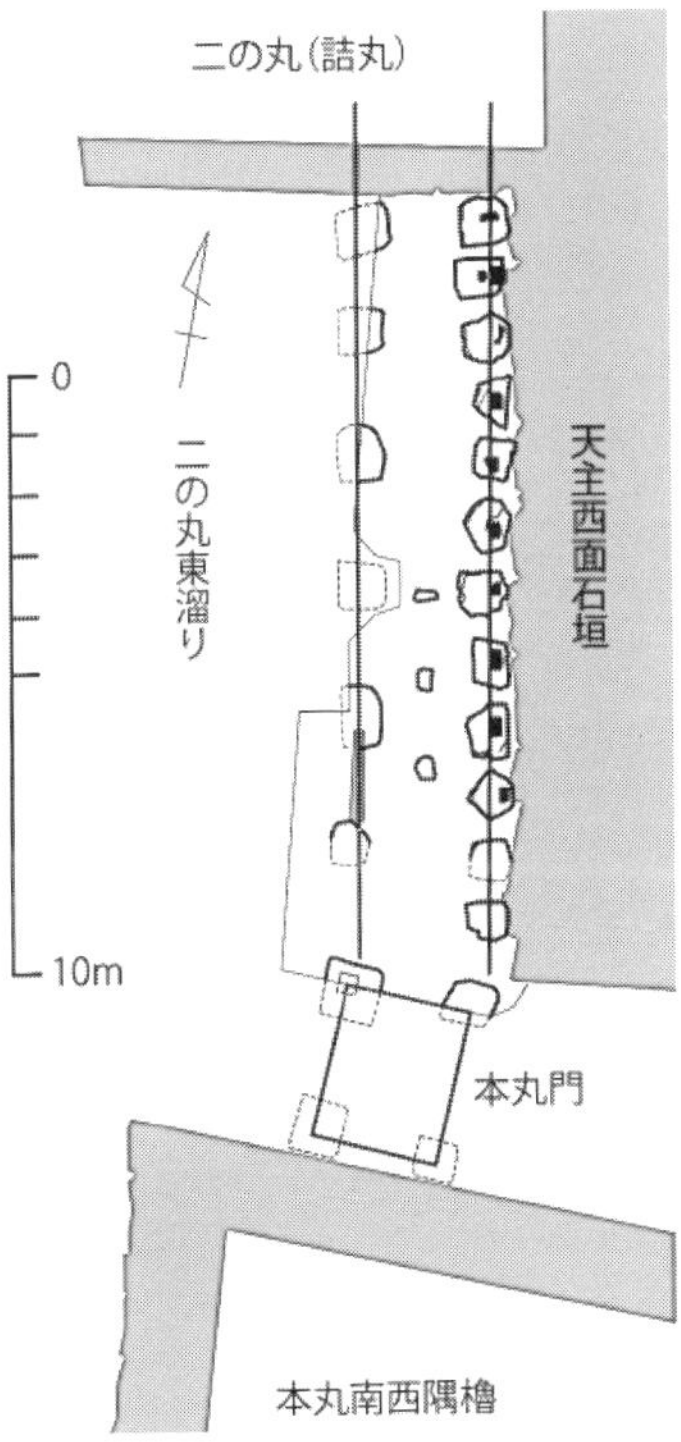

図４　安土城天主台西側懸け造り詳細（千田嘉博作図）

　絵画資料と発掘成果の時空を越えたなんという一致であろうか。ウィンゲの模写を手がかりに懸け造りの上部を考えると、安土城天主は西側に懸け造りで張り出して接続した長大なテラスを備えていたという、これまで誰も想像していなかった姿であったと復元できる。天主の西側には『信長公記』が記した「御白州《おしらす》」、つまり天主前の特別な広場があったことが知られており、懸け造りの天主テラスは、まさにこの広場を見下ろす位置にあった。

図5　フィリップス・ファン・ウィンゲが描いた安土城天主と懸け造りテラス

## 信長の権威表象としての天主と懸け造り

信長にとって最後の正月となった一五八二年（天正十）、信長は一人百文の料金（現在の一万円弱に相当か）を取って、安土城中心部を家臣に公開した。家臣たちは各所を見学したのち、天主の西側にあった広場「御白州」に集まった（『信長公記』）。そこに信長が登場して家臣たちに声をかけたのだが、信長は安土城天主の懸け造りテラスに現れたのではないだろうか。

山頂にそびえ信長の御殿の一部として機能した安土城天主は、まさに信長の象徴そのものといってよかった。幾重にも守られた安土城の中心にあり、すべてを見下ろす頂点にそびえた天主を背景に、家臣たちの前に現れた信長の姿は、圧倒的な権威を見る者に印象づけたに違いない。

信長は宣教師を通じてヨーロッパと世界のさまざまな情報を知っていた。ヨーロッパの封建領主やキリスト教の法王が、城や宮殿のテラスに立ち人びとに姿を見せることで権威を高めたことも理解していたのではないだろうか。安土城中心部を公開して、天主を背景に自ら姿を現しただけでなく、盂蘭盆会《うらぼんえ》に合わせて安土城をライトアップしたり、京都で天皇を招いて馬揃えを行ったりして、権力の可視化を実践したのも、見せることで信長自身に由来した強烈な権威を確立しようとしたからであった。安土城天主の懸け造りは、安土城天主に込めた権力表象の役割を、一層強化するために不可欠の施設だったといえよう。

## 六　まとめ――近世城郭を規定した信長の城

信長は安土城天主の懸け造りテラスに姿を現した半年後の六月二日朝、京都四条西洞院《にしのとういん》の本能寺に明智光秀による急襲を受けて自刃《じじん》した。信長が天下統一をさらに進めたらどんな城を築いたのか、それをたどることはできない。しかし信長の城づくりが、それで終わったと考えるのは早計である。信長が生涯をかけて目指した求心的な構造の城への転換は、秀吉だけでなく、すべての近世大名の城づくりの基本として受け継がれた。一般に城を考えるときに、本丸、二の丸、三の丸といった構造を思い浮かべることができる。そのとき、本丸は一番上位の空間であり、二の丸はそれに準じ、三の丸は二の丸より下位の空間と誰もが考えるだろう。実はこうした、今では誰もが当たり前と考える本丸を頂点として階層性を備えた城郭の空間構成を近世城郭に直接広げたのが、信長の城であった。

そして近世城郭では、城が階層的な空間構成をとっただけでなく、城を中心にして、その周囲に重臣の侍屋敷、一般の侍屋敷、町人・職人・寺社と同心円的な身分別の住み分けが徹底された。つまり城郭を核とした階層性が、城だけでなく城下にまで貫徹したのであった。城の中心であった本丸の天守のもとを居所にしたのは大名であり、近世城下町は大名を頂点とした武士の理想都市として日本列島の各地に、近世初頭に一斉に成立した。

つまり信長の城は、近世社会の根幹に関わる基礎構造を根底で規定したのであった。近世城郭の成立を、天守がある、石垣を用いている、瓦を葺《ふ》いているといったことに求める説があるが、こうして考えるとそうした要素が表層のものにすぎないとわかる。天守を建設しなかった近世城郭は数多い。もともと天守を建設しても、江戸時代に落雷などで天守を失い、再建しなかった城は枚挙にいとまがない。もし天守をもつことが近世城郭の根本の要件であったのなら、幕末まで各地の大名は天守をいかなる犠牲を払っても再建しつづけたはずではないのか。しかしほとんどの城で天守を再建しなかった。

石垣は近世城郭をイメージさせる要素ではあるが、関東や東北、九州などでは、近世城郭でも石垣を備えなかった城、用いてもごく一部に留まった城は少なくなかった。もし石垣を備えたことが近世城郭の必須条件であれば、これらの城は歴史評価として、未熟あるいは不完全な近世城郭というのであろうか。

石垣をもたなかった城を中心とした地域の近世社会を、そうした視点で城からどう読み解こうとするのか。歴史観が問われることだと思う。瓦の使用・不使用も冬季の寒冷度合いに左右された。瓦から読み取れることはもちろんあるが、単純に瓦の有無をもって、近世城郭の本質を論じることは不可能である。

中世城郭と近世城郭とを分けたもっとも本質的な指標は、階層的な城郭構造への転換にあった。そうした城郭構造の変化は、城や城下の建設プランという意味だけでなく、近世的社会構造の成立と連動したものであった。近世城郭成立に向けた城の変化は、軍事の発達を反映しただけでなく、家臣編成や大名を中心とした権力の成立と表裏の関係にあった。だからこそ信長は、家臣の抵抗にあいながらも自らの居所を頂点とした求心的な城を生み出そうとしていった。
天守がなくとも、石垣を用いなくても、瓦を葺いていなくても、城下を含めた一元的な階層構造への転換を果たした城こそが、近世城郭であった。そう結論するとき、信長の城が果たした歴史的意義の大きさは、特別な位置を占めたといえよう。

《註》

（1）　ＮＨＫ「軍師官兵衛」ホームページ「軍師官兵衛美術の世界02姫路城①「えっ、これが姫路城」」（http://www1.nhk.or.jp/kanbe/special/special_17.html）、および「軍師官兵衛美術の世界03姫路城②「細部へのこだわりが、全体をつくる。」」（http://www1.nhk.or.jp/kanbe/special/special_19.html）、「軍師官兵衛」の美術チームは、「美しい戦国」「分かりやすい戦国」「夢のある戦国」の三つをコンセプトに美術デザインに取り組んだという。塀の内側にめぐらせた馬防柵は、分かりやすさを追求した結果、実際にはあり得ないものをつくってしまった例であろう。

（2）　ただし国際的な城郭の比較研究は、大きく立ち後れていて、これからの課題である。私もヨーロッパやアジア、ニュージーランドなどの城を実際に歩いて調べ、文化財学の立場から城の比較考古学を深めたいと願っている。これまでにドイツの城については、国立歴史民俗博物館に勤務していた一九九五年に文部省在外研究員としてドイツ考古学研究所に学び、二〇一三年には奈良大学在外研修としてテュービンゲン大学考古学部の客員教授として学ぶ機会を得た。ドイツ考古学研究所で懇切な指導を得たエックハルト・シューベルト博士、テュービンゲン大学でさまざまな教示を得たトーマス・クノップ博士に感謝申し上げたい。
イギリスではイーストアングリア大学・セインズベリー日本藝術研究所のサイモン・ケーナー博士、フランスでは地中海文明博物館のミシェル・コラルデル博士、ジュネーブ大学のピエール・スイリ博士の教示を得た。合わせて感謝したい。

〔引用・参考文献〕

滋賀県安土城郭調査研究所『図説安土城を掘る』サンライズ出版、二〇〇四年
滋賀県教育委員会『安土―信長の城と城下町』サンライズ出版、二〇〇九年
千田嘉博「小牧城下町の復元的研究」『ヒストリア』第一二三号、一九八九年
千田嘉博「城郭と戦争の考古学」『史林』第九三巻第一号、二〇一〇年a
千田嘉博「日欧城郭比較論」小島道裕編『武士と騎士』思文閣出版、二〇一〇年b
千田嘉博「中世考古学と学融合」千田嘉博・矢田俊文編『都市と城館の中世』高志書院、二〇一〇年c
千田嘉博『信長の城』岩波新書、二〇一三年
千田嘉博「中・近世城郭からよみとる支配方式とは」考古学研究会『考古学研究60の視点』、二〇一四年
松田毅一・川崎桃太訳『完訳フロイス日本史』第二巻、第三巻、二〇〇〇年
高橋隆三ほか校注『言継卿記』続群書類従完成会、一九六六～一九九八年

# 第２章
# 近江の城と信長
## ――佐和山城と安土城と坂本城

下坂《しもさか》　守《まもる》

## 一　はじめに――都への道

今回は近江《おうみ》の城と信長というテーマで佐和山《さわやま》城、安土《あづち》城、坂本《さかもと》城についてお話したい。

よく知られている通り、織田信長は尾張《おわり》・美濃《みの》を制圧し、一五六六年（永禄《えいろく》九）、将軍足利義昭《あしかがよしあき》を奉じて入京を果たしたものの、天下一統を目指していた一五八二年（天正十）六月二日、本能寺の変に倒れたのであるが、その信長にとって、たいへん重要な意味を持つ国が近江であった。

次ページに、桶狭間《おけはざま》の戦いから本能寺の変、天王山の合戦まで略年表としてあげた。この年表のうち、ここでは一五七〇年（元亀《げんき》元）六月、姉川《あねがわ》の合戦から、一五七六年（天正四）の安土城の築城までについて見ていきたい。この間の信長の動きを丹念に追っていくと、近江が信長にとって、いかに大切な国だったかというのが理解できよう。

### 年表　近江の城と信長

| | | |
|---|---|---|
| 一五六〇年（永禄3）5月 | | 桶狭間の合戦で今川義元を討つ。 |
| 一五六八年（永禄11）9月 | | 将軍足利義昭を奉じて入洛。 |
| 一五七〇年（元亀元）6月 | | 姉川の合戦。浅井・朝倉連合軍を破る。 |
| | 8月 | 摂津に出陣。 |
| | 9月12日 | 本願寺が反信長の旗印を掲げる。 |
| | 24日 | 信長、京都を発ち宇佐山城に軍を進める |
| | 12月14日 | 朝倉・浅井と和議を結び、岐阜に帰る。 |
| 一五七一年（元亀2）2月 | | 佐和山城に丹羽長秀を入れる（磯野員昌退去）。 |
| | 9月12日 | 延暦寺焼き討ち。光秀、坂本に城を築く。 |
| 一五七五年（天正3）5月 | | 長篠の合戦。武田勝頼を破る。 |
| 一五七六年（天正4）1月 | | 安土城の築城始まる。 |
| 一五八〇年（天正8）8月 | | 本願寺教如、石山退城。 |
| 一五八二年（天正10）6月 | 2日 | 本能寺の変。信長、自害。 |
| | 6月13日 | 天王山の合戦。 |

近江の地図（図1）を一見すれば明らかなように、近江のまわりはほとんどすべてが山である。元亀の時点で岐阜に本拠を持っていた織田信長が、京都にいたるにはこのまわりを山で囲われた近江を通る必要があった。

彼がそのために選んだルートは、唯一、山越えをしなくてもよい関ヶ原から伊吹《いぶき》山の南を経て近江に入るルートであった。現在も新幹線・東名高速道路が同じルートを通っていることからも、これが美濃から京都にいたるもっとも一般的なルートであることは、今も昔も変わりはない。

距離的なことでいえば、京都へは鈴鹿山系の山々を越えて西進するルート（江戸時代の東海道）が最短ルートであった。しかし、この道は大軍を率いて越えるには険しすぎるため、信長はこの北の道を選んだと考えられる。この関ヶ原から伊吹山の南を通るあたりを、便宜上、近江の「北口」と呼ぶことにす

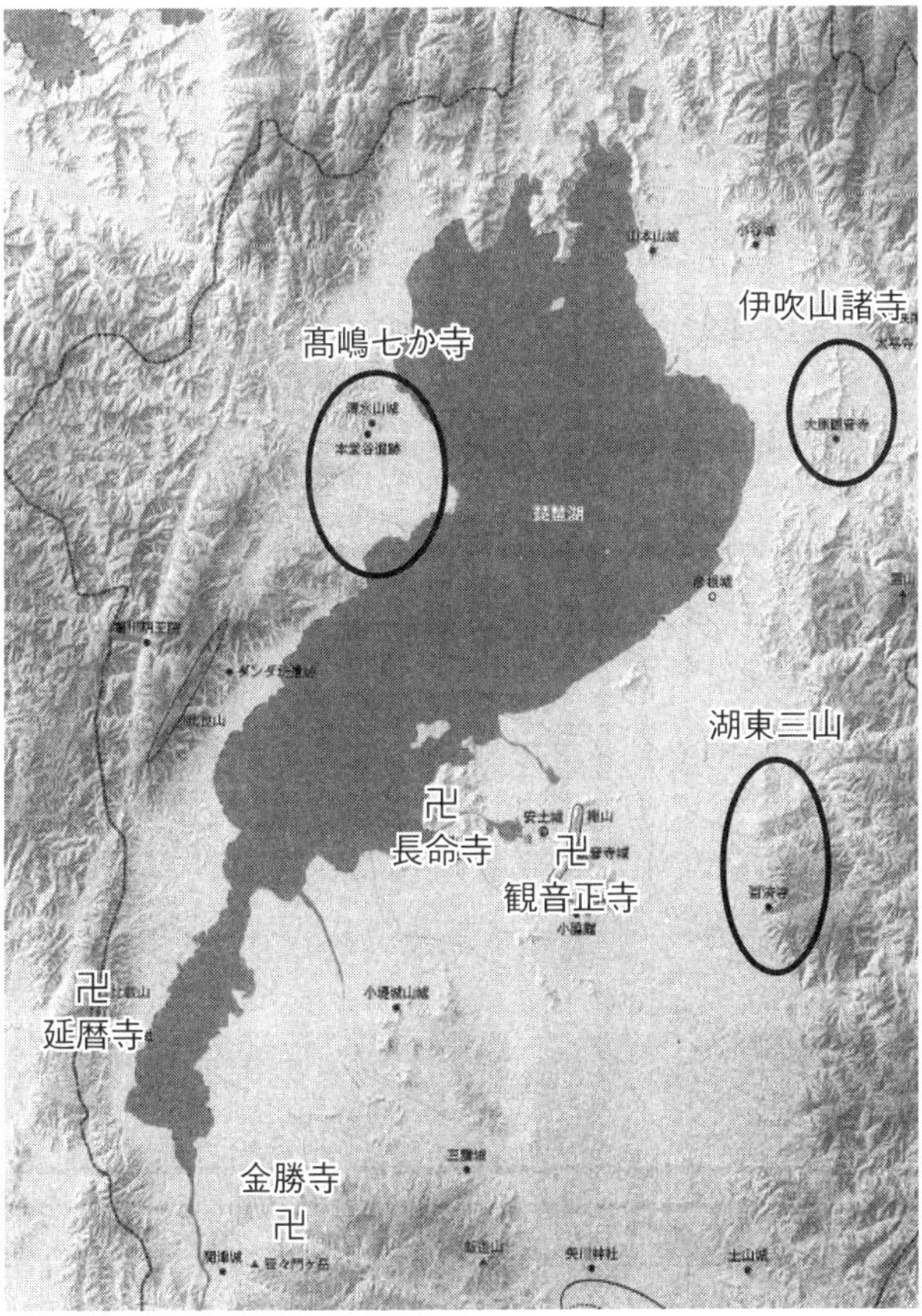

図1　近江の寺

る。この「北口」が戦略的にいかに要所となっていたかは、のちにこの地・関ヶ原で天下分け目の合戦が起こっていることをあげておくだけで充分であろう。

さて、信長が入京しようとすれば、近江には今一つ抑えておかなければならない戦略地点があった。それは近江から山城に入る道がある滋賀郡である。滋賀郡から山越えで京都にいたるルートは二つあり、一つはのちの東海道に相当する逢坂《おうさか》越えの道、もう一つはさらに北方に位置する山中越え（今道越え）の道であった。信長は逢坂越えで京都に入ったようであるが、この滋賀郡の山々を越えていく道を、近江の「南口」と呼ぶことにする。

信長が岐阜と京都の間を行き来しようとすれば、否応なしにこの二つの交通の要所を通過しなければならなかったのである。

# 二　一五七〇年の危機

## 「北口」の確保

一五六八年（永禄十一）、入京に先立ち、信長は湖北の浅井長政《あさいながまさ》と同盟を結ぶが、これは信長が「北口」をまず確保したことを意味している。なぜなら「北口」をおさえる佐和山城は長政の城だったからである。一方、「南口」については、入京後のことになるが、一五七〇年（永禄十三）頃に逢坂越えと山中越えをおさえるために宇佐山《うさやま》城という城を滋賀郡に構築している。こうしたことから、信長が当時、それなりに戦略拠点としての近江の「北口」「南口」を掌握していたことがわかる。

しかし、この北の佐和山城と南の宇佐山城をもって近江の二つの戦略地点を制圧しようとする信長の当初のもくろみがいかに甘いものであったかは、すぐにあきらかになる。破綻《はたん》は「北口」の方から始まった。一五七〇年（元亀元）四月、浅井長政が同盟を破棄、反信長の旗印をあげ、その結果、佐和山城が敵方の城となってしまったからである。信長はここにあらためて自力で「北口」を確保し直さなければならなくなる。

そのために信長が出陣し、北の浅井・朝倉勢と戦ったのが、三か月後の一五七〇年（元亀元）六月末の姉川の合戦である。この戦いで信長は浅井・朝倉連合軍を打ち破り「北口」の奪還に一応は成功する。しかし、佐和山城（城主は磯野員昌《いそのかずまさ》）は依然として浅井長政の手中にあり、信長は丹羽長秀《にわながひで》・羽柴秀吉《はしばひでよし》の二人の武将をこの地に置くことで、かろうじて「北口」を確保したというのが、一五七〇年夏の時点での状況であった。

## 「南口」の守りの破綻

ところがそのような状況下、今度は「南口」でも信長の守りが破綻をきたす事態が起こる。一五七〇年（元亀元）九月十二日、浅井・朝倉勢が突然、丹羽長秀・羽柴秀吉が固める「北口」を避けて湖西を南下してきたのである。不意を突かれた宇佐山城主森可成《よしなり》（森蘭丸《らんまる》の父）は戦死（史料1）、「南口」の信長勢は大混乱に陥る。大坂に出陣中の信長はすぐに軍馬を返し、浅井・朝倉勢を京都から近江へと追い返すが、これが信長にとってかつてない危機の始まりであった。

**史料1**　『言継卿記』（一五七〇年（元亀元）九月十二日）

一、（中略）越衆、北郡・高嶋衆等、その外一揆ども三万計《ばか》り、坂本へ打ち出ると云々。よって志賀の城の大将森三左衛門（可成）取り出、千計《ばか》り討ち取る。但し小勢六百計《ばか》りの間、三左衛門討死。坂本、四屋、その外、山カミ（上）・西コり（錦織）・大津等放火、（中略）森の内武藤、城堅固ニ相拘うと云々。一揆の外衆七千計《ばか》りと云々。

思わぬ強敵が出現したのである。それは比叡《ひえい》山の領主である延暦寺《えんりゃくじ》である。延暦寺は比叡山に逃げ込んだ浅井・朝倉勢をかばい信長勢の山内への進攻を拒否、いかに信長といえどもわが国最大の宗教的権威である延暦寺の領内に土足で踏み込みことはできず、宇佐山城で立ち往生することになる。

浅井・朝倉勢の籠もった比叡山系の山々（壺笠《つぼかさ》山・青山）は宇佐山よりもはるかに高く、信長は浅井・

朝倉勢の眼下に置かれる、というなんとも危機的な状況に置かれてしまったのであった。

## 屈辱的な和平

信長が屈辱的な和平条件を呑んでようやく岐阜への帰還を果たしたのは、それから三か月後の十二月のことである。この間、信長がいかに追いつめられた状況に置かれていたかは、『三河物語《みかわものがたり》』（徳川家康の家臣大久保彦左衛門忠教《ひこざえもんただたか》の自伝）が次のように伝えていることからも明らかであろう（史料2）。

**史料2　『三河物語』（一五七〇年（元亀元）十二月）**

元亀元年庚午十二月日、越前衆三万余にて比叡山に陣取りて有り。信長は志賀に御陣を取り給ひて、（中略）しかる間、越前衆は三万余有り。殊更に近江の国は、大形、越前の領分なれば、ぎふ《（岐阜）》への道もふさがれば、信長わずか一万の内なれば、叶わじとて、曖《（あつかい）》を懸けさせ給ひ、「天下は朝倉殿持ち給へ、我は二度ののぞみなき」と、起請《きしょう》を書き給ひて無事を作りてぎふ《（岐阜）》へ引き給ふ。

引用史料中の「志賀の御陣」とは宇佐山城を指す。「越前衆三万余」に対して信長勢がわずか「一万の内」であったこと、信長が二度と天下への道を望まないことを誓約（起請）して、ようやく和議に漕ぎ着け得たことなどがよくわかる。

## 味方の軍勢にあわてた信長

また、この間の信長の危機的状況については、十一月、湖北から味方の軍勢（丹羽長秀・木下秀吉）が応援に駆けつけた時にこれを敵方と見誤りあわてたという、次のような『信長公記《しんちょうこうき》』の記載がなによりもよくこれを物語っている（史料3）。

**史料3　『信長公記』（一五七〇年（元亀元）十月）**

木下藤吉郎・丹羽五郎左衛門両人、志賀へ罷《まか》り越され候処《そうろうところ》、一揆ども観音寺ならびに建部郷内に足懸りを拵《こしら》え、箕作《みつくり》山・観音寺へ取り上がり、両手より差し合い、通路を取り切り候。ここにて見合い切りかゝり、先武者数輩切り捨て、異儀なく罷り通り、勢田の郷中へ人数懸け入れ候を、信長、志賀の御城より御覧じ、「去てハ山岡美作守（景隆）、佐々木承禎《じょうてい》を引き入れ、謀叛《むほん》を相構候か」と御不審に思《おぼ》し食《め》し候の処、先様《さきさま》、飛脚を以て、藤吉郎・五郎左衛門、「これ迄参陣仕《つかまつ》り候」と言上候処、御機嫌斜めならず、諸陣も瞳《どう》と満足申候也、

宇佐山からは湖南地域を一望の下に見渡すことができる。瀬田川を渡りこちらに近づいてくる大軍を見て、あの信長が味方の山岡景隆《かげたか》が敵対する六角承禎《ろっかくじょうてい》と手を組んで「謀叛」を起こしたと勘違し、うろたえたというのである。彼がいかに追い込まれていたかがうかがえる。

## 危機を逃れた信長と残された戦略課題

浅井・朝倉の側からすれば、この一五七〇年（元亀元）の六月から十二月にかけての三か月は、信長を攻め滅ぼす最大のチャンスであった。彼らはまさにその千載一遇《せんざいいちぐう》の機会をみすみす逃してしまったことに

なるが、その理由として次の二点をあげることができる。その第一は当時わが国に滞在していたキリスト教の宣教師が記していることだが、浅井・朝倉には信長を相手に「戦《いくさ》を始むる勇気」がなかったことである（史料4）。見方を変えれば、浅井・朝倉は武将としての信長をそれほどに怖れていたことになる。

**史料4　『日本耶蘇会年報《やそかい》』〔一五七一年十月四日（元亀二年九月十六日）附〕**

尾張の王は既にその軍隊を解散し、其国に帰るため、留めし者は七千人に過ぎざらしが、都に着きたる当日、敵は当地より二四レグワの坂本に在るを知り、即夜同地に向ひて出発し、到著するやことごとく下坂本を焼き払いたり。この町は前に述べたるごとく、甚だ広大なりき。敵は上坂本および比叡の山の諸山に籠《こも》り、坊主等は食物及び家を供しておおいにこれを助け、ことごとく信長の敵となりたり。かくのごとくして両軍は、厳寒の際、約二ケ月半対陣し、信長は美濃国に通行すること能《あた》はず、敵は人数多かりしにかかわらず、戦《いくさ》を始むる勇気なかりき。遂に坂本より二レダワのはなはだ富裕なる堅田と称する町、信長に叛き、その兵約千人殺されたるが、又敵兵約五百人を殺したり。

また、今一つの理由は冬が迫っていたことである。雪が降れば近江の北部は雪で閉ざされ、江北・越前からの物資の補給は困難となる。その点でいえば、浅井・朝倉勢には信長と和議を結ぶしか選択肢は残されていなかったともいえる。

さて、その信長は、一五七〇年（元亀元）に起こった浅井氏の離反と宇佐山城での在陣という二つの出来事によって、近江の「北口」「南口」の重要性を改めて認識したはずである。岐阜から京都への往還はこの二つの地点を掌握することなくしては不可能であり、それが信長にとって当面する最大の戦略課題となる。

翌一五七一年（元亀二）になると信長はすぐにこの課題の克服にむけて動き出す。そこへ話を進める前に、一五七〇年（元亀元）の地点で信長が屈辱の和議を結ばなければならないきっかけを作った宗教権威としての延暦寺について少し見ておきたい。

## 三　中世の寺と城

### 近江における延暦寺

中世、延暦寺がわが国最大の宗教的勢力として存在したことはよく知られている。中世にはその宗教的権威の前には時として朝廷・幕府ですら、しばしば膝を屈せざるを得ない状況が現出していた。また、何よりも一五七〇年（元亀元）九月の時点で信長が延暦寺の妨害の前に比叡山に籠もった浅井・朝倉勢を攻めきることができなかったという事実は、戦国時代末においてもその宗教的権威が依然として健在であったことを示している。

その延暦寺が社会的・経済的な基盤としていたのが近江であった。延暦寺が所在する「南口」（滋賀郡）はもちろんのこと、「北口」にも多数の延暦寺の末寺が所在したことは「伊吹山諸寺」として図1の「近江の寺」に図示した通りである。

また、この図で見るように、それ以外にも湖西には「高嶋七か寺」、湖東には「湖東三山」をはじめとする延暦寺末寺が多数あり、中世の近江はさながら延暦寺の仏国としての様相を呈していたといっても過言ではなかった。

これらの寺院では、中世には、僧が武家にまさるともおとらぬ武力を保持し、自らの手で自分たちの寺の防御にあたっていた。また、何よりも注目されるのは、図1からもわかるように近江ではこれら延暦寺末寺の大半が交通の要所に位置していたことである。中世にあって、延暦寺はこれらの寺々を通じて近江の一国をある意味で把握していたともいえる。

## 武装した僧と寺

中世の寺がのちの時代の寺と大きく異なる点は、そこに住む僧が武装していたという点である。

現代の私たちは寺というと、僧が住んでいてそこで仏教の勉強や修行だけに専念していたと思いがちであるが、決してそうではない。史料5は、後伏見天皇・花園天皇・後醍醐《ごだいご》天皇・光厳《こうごん》天皇・光明天皇という五代の天皇に仕え、のちに五代国師と呼ばれた慧鎮円観《えちんえんかん》（一二八一～一三五六）の自伝である。これによれば、円観が仏教を学ぶために最初に入った延暦寺の僧房（僧の屋敷）では、「房主」と呼ばれた主人の僧をはじめとして、「同法」と呼ばれたその弟子たちも「勧学の志《こころざ》しなく、偏《ひとえ》に兵法《ひょうほう》を専《もっぱ》らとす」というありさまであったことがわかる。つまり、勉強はせずに戦いの稽古《けいこ》に専念していたというのである。鎌倉時代末の話だが、同じ頃に法然《ほうねん》（一一三三～一二一二）の事績を伝えるために制作された『法然上人絵伝』には、延暦寺僧が官軍の武士たちと戦う場面が描かれている。これは実際に鎌倉時代に初めにあった戦いを描いたものだが、そこでは攻め寄せる官軍を延暦寺僧が撃退したときのありさまが実にリアルに描写されている。

また、史料６は、南北朝時代に延暦寺の門前町坂本で、同寺の二人の僧、金輪院《こんりんいん》と月輪院《がちりんいん》が争ったときの様子を今日に伝える公家三条公忠《さんじょうきんただ》の日記『後愚昧記《ごぐまいき》』の記事である。これによれば、月輪院が一万人もの軍勢を率いて、金輪院の籠もる「城」を攻めたことがわかる。

**史料５　『五代国師自記』**

当坊の為躰《ていたらく》、房主といい、同法（朋）といい、更に勧学の志《こころざし》なく、偏《ひとえ》に兵法《ひょうほう》を専《もっぱ》らとす。

**史料６　『後愚昧記』〔一三七七年（永和三）七月二十八日条〕**

今日、山門において、金輪院《こんりんいん》山徒也、城主と月輪院《がちりんいん》寄手合戦す。この間、両方徒衆を聚《あつ》む。金輪院ハ三千人餘《あま》り。寄手《よせて》ハ一万人に及ぶと云々。武家の輩、所縁を各見訪《みとぶら》うと云々。坂下の合戦、連々これ有りといえども、かくのごとく兼日《けんじつ》大勢を集むる事、近来聞き及ばざる事也。

室町時代になると、いわゆる足軽を中心とした、歩兵を使って戦うという戦闘が主流となり、そうなるとさすがに僧は武家には敵《かな》わなくなるが、それまでは互角に戦えるだけの武力を有していたことをこれらの史料は物語っている。

また、その意味で僧にとっての寺は、武家の城に相当するものでもあった。そのことは、武家が武力において僧を圧倒するようになると、交通の要所に所在した寺の多くが武家の城に作り替えられていくという事実からも容易に推察できる。

天台宗の寺では、本堂を山の中腹から少し上に建立《こんりゅう》して、そこから下にテラスをたくさん作り僧房の敷地とするというのが一般的であり、そのテラスを郭に転用すれば、寺は簡単に城となったわけで、戦国の時代になると、近江では実に多くの寺が城に転用されている。

## 中世の武士の城

では、そもそも中世の武士の城とはどんなものだったのだろうか。中世の城を描いた絵画というのは、そんなに数多くはない。ここではそのいくつかを紹介しよう。

まちがいなく城であることがよくわかるのが、十六世紀半ばの京都の風景を描いた上杉本「洛中洛外図屏風」に見える「さいのしろ（西院の城）」である（図2）。「西院」は京都の地名でこれはそこにあった城のことを指す。櫓《やぐら》をあげてはいるが建物の屋根は板葺《いたぶ》きで、まわりを囲む塀も板葺きであった。

十六世紀半ばの成相寺《なりあいじ》への参詣風景を描いた絵画（「成相寺参詣曼荼羅」・図3）にも、城とおぼしき建物群が見えている。そこにはやはり弓を射るための狭間《はざま》が描かれており、櫓も描かれている。これは当時この国の守護であった一色《いっしき》氏の城館だと推定されている。厳密には城とはいえないかもしれないが、武士の屋敷群であることには違いない。建物の屋根はやはり板葺きもしくは茅葺《かやぶ》きとなっている。

最後は、近江の多賀大社を描いた十六世紀半ばの「多賀大社参詣曼荼羅」の図像である（図4）。絵の主題は、いうまでもなく多賀《たが》大社だが、いまここで注目したいのは、左上隅に見える高い山の上の風景であ

図2　西院の城（米沢市上杉博物館蔵「洛中洛外図屏風」〔上杉本〕）

る。

そこには山道に門があって、その奥の山頂付近に、塀に囲われた板葺きで白壁の建物群が見える。これを城と判定する理由は、まわりを囲む土塀に細長い狭間や丸い狭間が設けられているからである。縦に細長い狭間はもちろん弓を射るための狭間であろうが、注目すべきは丸い狭間で、これは鉄砲を撃つための狭間としか考えられず、図中の城が鉄砲が広く合戦に用いられるようになって以降の城の姿を描いたものであることがわかる。先に触れた浅井長政の時代の佐和山城と見て、まず間違いはあるまい。

以上、中世の武家の城や館が後の城と比べるといかに貧弱なものであったかがご理解いただけたと思うが、ここで再び信長の時代に戻り、一五七一年（元亀二）にいたり、信長が近江の「北口」と「南口」をどのようにして再確保していったかを見ていくことにしよう。

図３　武士（一色氏）の城館（成相寺蔵「成相寺参詣曼荼羅」）

図４　佐和山城（サントリー美術館蔵「多賀大社参詣曼荼羅」）

## 四　一五七一年の反攻

まず、「北口」であるが、信長にとって喉《のど》に刺さった骨のように厄介な存在となっていた浅井氏の佐和山城は、一五七一年（元亀二）二月、城主磯野員昌《いそのかずまさ》が寝返ってくれたことで労せずして信長の手に落ちる。信長はただちに同城に丹羽長秀《にわながひで》を入れ、「北口」の固めとしている。

残るは「南口」の確保だけとなるが、これに対して信長は宇佐山城に明智光秀《あけちみつひで》を入れ入念な下準備を行わせている。いうまでもなく「南口」をおさえる延暦寺を攻撃するための準備であった。

そして、一五七一年（元亀二）九月十二日、信長は大軍をもって一気に延暦寺に襲いかかる。九月十二日という日を選んだのは、ちょうど一年前のこの日、浅井・朝倉勢の攻撃が開始されたことによる。この時の延暦寺への攻撃がいかにすさまじいものであったかは、史料7の『信長公記』が伝える通りである。

**史料7**　『信長公記』（一五七一年（元亀二）九月十二日）

比叡山を取り詰め、根本中堂・三王（山）廿一社を初め奉り、霊仏・霊社・僧坊・経巻、一宇も残さず、一時に雲霞の如く焼き払ひ、灰燼《かいじん》の地となるこそ哀れなれ。山下の男女老若、右往左往に廃忘を致し、取る物も取り敢へず、ことごとくかちはだしにて八王寺（子）山へ逃げ上り、社内へ逃げ篭み、諸卒四方よりときのこえを上げて攻め上る。僧俗・児童・智者・上人一々に頸《くび》をきり、信長公の御目に懸け、是は山頭において其の隠れなき高僧・貴僧・有智の僧と申し、其の外、美女・小童、其の員《かず》を知らず召し捕り、召し列《つ》れ御前へ参り、悪僧の儀は是非に及ばず。「是は御扶《たす》けなされ候」と声々に申し上げ候といへども、中々御許容なく、一々に頚を打ち落とされ、目も当てられぬ有様なり。数千の屍《しかばね》を乱し、哀れなるしあわせなり。年来の御胸朦を散せられ訖《おわ》んぬ。去《さ》て志賀郡、明智十兵衛に下され、坂本に在地候なり。

一年前の元亀元年にその宗教的権威に屈した延暦寺を、あっさりと滅亡させたところに信長の怖さがあるといえよう。信長が「南口」を掌握するにはこれしか道はないと考え、延暦寺を壊滅させたことは間違いない。

信長はこの焼き討ちの直後、配下の武将に延暦寺を決して復興しない旨の誓約書（起請文）を提出させたといわれる（『当代記』）。彼がいかに延暦寺を怖れるとともに憎み、その壊滅を望んでいたかがわかる。また、戦略的にはこれがあくまでも「南口」の確保のためのものであったことは、なによりもその後に信長のとった措置がよくこれを示している。史料7の『信長公記』はその措置を簡潔に「去《さ》て志賀郡、明智十兵衛に下され、坂本に在地候なり」と記している。信長は明智光秀を坂本に移し、そこに新たに城を築かせたのである。ここに「北口」の固めの佐和山城に対して「南口」の固めとしての坂本城が出現することとなる。

琵琶《びわ》湖の北と南に並び立つこの二つの城は、以降、信長にとってきわめて重要な城となる。次にこの点について見ていこう。

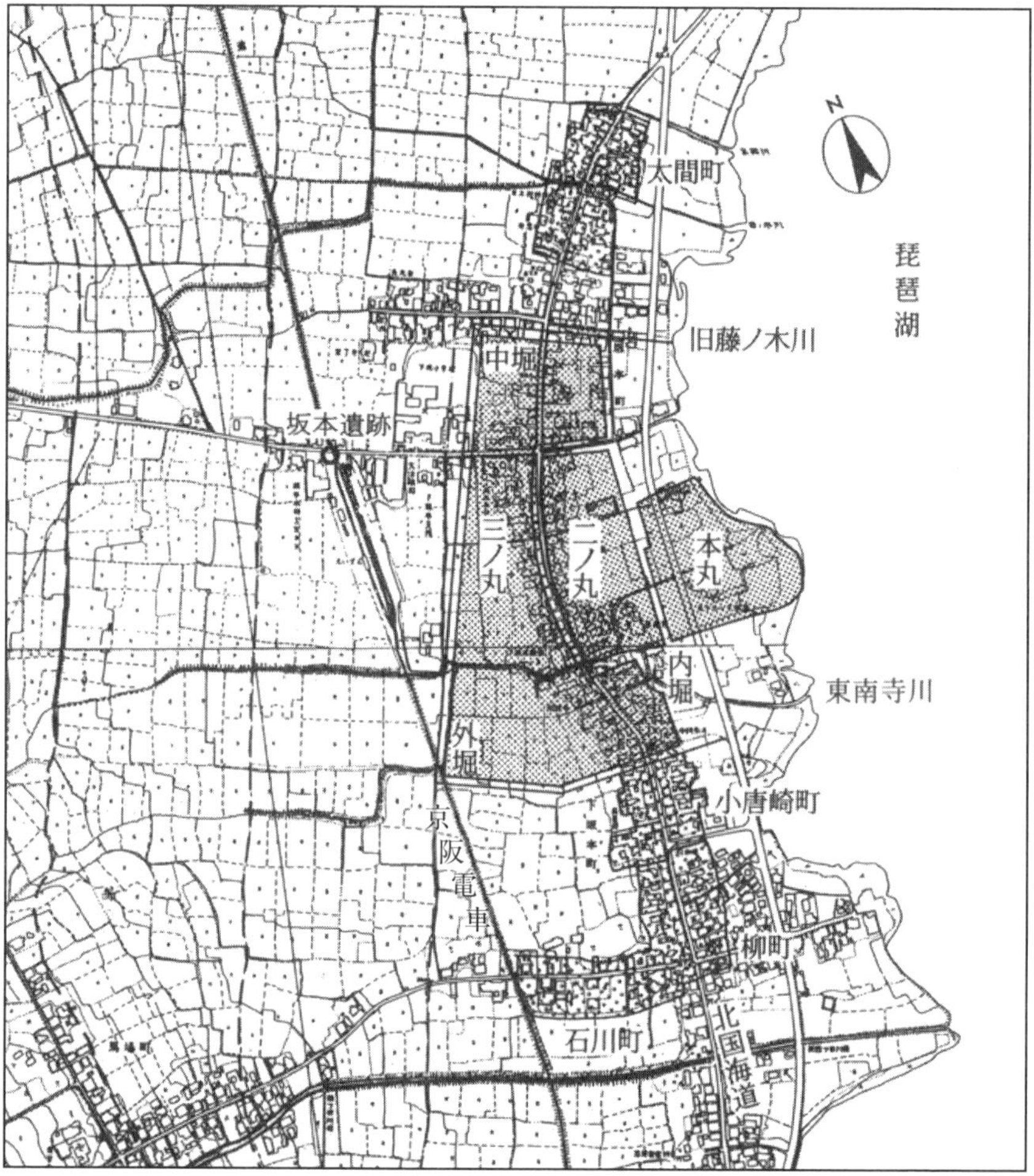


図５　坂本城縄張り図（大津市教育委員会作製図）

## 五　坂本城の構築

### 琵琶湖に面して建てられた城

信長が光秀に築かせた坂本城については、かつて著者が大津市史編纂《へんさん》室に勤務していた頃は、その所在地すらはっきりわかっていなかった。それがようやく琵琶湖に面して存在したことが明らかになったのは、かの市史を編纂する過程でのことである。

また今から二十年ほど前に、琵琶湖の湖面が渇水で大きく低下したときに、湖の中に石垣の基底が出現し、坂本城が琵琶湖に突き出した城だったことが、遺構の面からも確認できた。さらに近年は坂本城に関する新たな史料もいくつか出現し、同城がどのような城であったかが、かなり具体的にわかるようになってきた。史料8として掲げた『中書家久公御上京日記《ちゅうしょいえひさこうごじょうきょうにっき》』はそのような史料の一つである。

これは薩摩の島津氏が一五七五年（天正三）に九州平定のお礼参りに伊勢に参宮したときに、一族の島津家久という武将が書き残した旅行記で、坂本城を訪れたときの様子が次のように詳しく記されている。

**史料8　『中書家久公御上京日記』〔一五七五年（天正三）五月十四日条〕**

紹巴《じょうは》同心にて志賀一見ニ罷越《まかりこし》、白河を打過《うちすぎ》て近江の中山茶屋にやすらひ、（中略）儻行《さてゆき》て志賀の山越候得《え》ハ、なから《（長等）》の山・ひゑ《（比叡）》の山なと打詠《よみ》て行《いけ》は、紹巴の迎《むかえ》とて明智殿よりそは《（側）》衆三人、各《おのおの》馬にて来られ候。其馬に拙者乗るへき由申され候へ共《ども》、斟酌《しんしゃく》仕《つかまつり》候。儻《さて》から《（唐）》崎の一松一見し、坂本の町に一宿し、（中略）

其うしろに舟さし着、明智殿参会有へき由有之候間罷出《まかりいで》、紹巴・行豊など同舟、其儘《そのまま》明智殿城を漕《こぎ》まハりみせられ候。其舟ハたたミ（畳）三重（畳）敷計《ばかり》の家を立られ候。面白くて其板ふきの上に登、猶廻る盃あくこ（と）なくこそ。儅《さて》舟よりを（下）り、明智殿同道にて舟の内みせられ候。

最初にその名が見える「紹巴《じょうは》」とは、家久に同道していた連歌師の里村《さとむら》紹巴のことである。彼の案内で京都から山中越えで近江に入った家久は、光秀が差し向けた三人の迎えの武士に導かれて唐崎《からさき》を経て坂本の町に入り、そこで一泊したのち坂本城を訪れたことがわかる。

この家久の坂本城来訪でもっとも興味深い点は彼が船で城を見物している点である。これによって坂本城が湖面に突き出た構造の城であったことが、明確に確認できるからである。山城が主流であったこの時代に、このような構造の城は画期的な城であったといわなければならない。では信長はなぜこのような城を坂本に構築したのであろうか。

## 守りにくい城

のちのこととなるが、この湖に面した坂本城は光秀の滅亡後もしばらく残る。しかし、やがて秀吉によって城は大津に移され、その大津の城も徳川の世となると膳所《ぜぜ》へと移されるが、大津城も膳所城もともに湖に面した城であった。つまり、湖南では城は坂本城のあと大津城・膳所城とすべて琵琶湖に面して構築されていたわけで、これはある意味、信長の戦略的な構想が後代にも引き継がれていったことを意味している。

これらの城には湖に面した城であるということ以外にも、今一つ共通点がある。それは、琵琶湖からの補給・支援がなければ、防御にはきわめて不利な城であったという点である。

そのことをもっともよく物語るのが、関ヶ原合戦の直前の大津城をめぐる戦いである。かの時、東軍の京極高次《きょうごくたかつぐ》が籠もった大津城は、西軍の猛攻の前に奮闘むなしく関ヶ原合戦の前日に落城しているのである。

ちなみにこの大津城をめぐる戦いを、京都の町人たちは長等山《ながらやま》から弁当持ちで見物したという。湖に面した大津城は当然のことながら大津のもっとも低い場所に所在しており、高台に登れば、大津城の内部までを眼下に見渡すことができた。上から一望できるこのような城がきわめて防御しにくいことはいうまでもなく、坂本城と膳所城も大津城ほどではなかったにしても、やはりたいへん防御しにくい城であったということができる。

では、なぜ信長はそのような守りに弱い城を近江の「南口」という要所にわざわざ築かせたのであろうか。

それは信長がただ一度、坂本城を活用した時の出来事を見ればすぐにわかる。次に信長が「北口」の佐和山城と、「南口」の坂本城の特性を活かし、電光石火の軍事行動を展開したその一五七三年（天正元）の出来事を見ていくことにする。

# 六　一五七三年の大船構築

## 水運による大軍の移動

それまでも不和を伝えられていた将軍足利義昭と織田信長の関係がもはや修復が不可能なほどに悪化したのは一五七三年（天正元）のことである。その結果、岐阜にあった信長は京都で義昭がいつ挙兵してもすぐに対処できる体制を整える必要に迫られる。そこで彼がとった措置は実に奇抜なものであった。佐和山城の麓《ふもと》「松原」において「大船」の構築を開始したのである（史料9、10）。

**史料9　『信長公記』（一五七三年（天正元）五月）**

公儀右の之休御憤《おんいきどおり》を休められず、終《つい》に天下御敵たるの上、定めて湖境《うみさかい》として相塞《あいふせ》がるべし。其時のために大船を拵《こしら》へ、五千も三千も一度ニ推付け、越さるべきの由候て、

五月廿二日、佐和山へ御座を移され、多賀・山田山中の材木をとらせ、佐和山麓松原へ勢利川《せりかわ》通り引下《ひきおと》し、国中の鍛冶《かじ》・番匠《ばんじょう》・杣《そま》を召寄せ、御大工岡部又右衛門棟梁《とうりょう》にて、舟の長さ三十間、横七間、櫓《ろ》を百挺立てさせ、艫舳《ともへ》に矢蔵を上げ、丈夫に致すべきの旨仰せ聞かせられ、在《ざい》佐和山なされ、油断なく夜を日に継仕候間、程なく、七月五日出来訖。事も生便敷《おびただしき》大船、上下耳目を驚かす。案のごとく

七月三日、公方様又御敵の御色を立てられ、（中略）眞木嶋に至つて御座を移され候の由注進これあり。

則

七月六日（七日）、信長公彼《かの》大船にめされ、風吹き候といへども、坂本口へ推付け御渡海なり。それ日は坂本に御

泊。
七月七日（九日）、御入洛。二条妙覚寺に御陣を居《す》ゑられ、猛勢を以て御構取巻かる。公家衆大軍に耳目を驚かし、御詫言《わびごと》申し、人質進上申され、各《おのおの》も御同陣にて候なり。

**史料10　『兼見卿記《かねみきょうき》』（一五七三年（天正元）五月）**

十五日、万里少路《までのこうじ》（惟房）亜相より使者来たりて云わく。信長、佐和山に至り登城なり。御音信《いんしん》のため、予《よ》罷《まか》り下《くだ》るべきの旨、内々仰せ出ださる、の由《よし》申すなり。（中略）信長、江州において大舟を造る。竪廿七間、横九間と云々。
（七月三日）午刻《うまのこく》大樹御退城、槇嶋に御在城と云々。信長御見廻のため、江州佐和山に至り下向し了《おわ》んぬ。今夜山対（山岡対馬守）在所ニ一宿し了《おわ》んぬ。
（七月四日）未明、山岡在所を発足せしめ了《おわ》んぬ。申《さる》の下刻《げこく》、佐和山の麓、小松原ニ大舟を造る。この間、信長滞留なり。（中略）舟を造る浜において対面なり。「炎天の時、見舞大義」の由申さるなり。謹んで礼を申し了《おわ》んぬ。

佐和山城については先ほど「多賀大社参詣曼荼羅」（図4）に描かれた姿をお見せしたが、それによれば同城は山の上にあった城で、琵琶湖からは遠く離れているように思われるかもしれない。しかし、実は現在はその面影をまったくとどめていないが、かつては佐和山の麓には松原湖という内湖があり、佐和山城は水路で琵琶湖と直接結ばれていた。信長はその内湖のほとりの「佐和山麓松原」において「大船」を作り始めたのであった。

「国中の鍛冶・番匠・杣」を総動員して造らせたその「大船」は「舟の長さ三十間、横七間、櫓《ろ》を百挺立てさせ、艫舳に矢蔵を上げ（る）」という巨大なものであった。信長が大軍の移動に琵琶湖の水運を利用するという、これまでに誰もが思いつかなかった方法で軍勢を移動させようとしたことがわかる。

そして、一五七三年（天正元）七月、予想通り足利義昭が挙兵するや、岐阜にいた信長はただちに「北口」から佐和山にいたり、この「大船」に大軍を乗せて南下、坂本城にいたる。信長のその鮮やかな進攻のありさまは史料9の『信長公記』七月七・九日条に見える通りである。

## 水路の拠点としての城

信長が「北口」の佐和山城と「南口」の坂本城をどのような戦略的プランのもとに構築・維持していたかはもはや明らかであろう。彼はこの二つの城をもって、「北口」と「南口」を最短距離で結ぶ水路の拠点にしようとしたのであった。

岐阜と京都のあいだに横たわる近江の国は、信長にとってその存在そのものが戦略的に大きな障害であった。しかし、彼はその障害を琵琶湖の水運を活用することで、いわば逆手にとって戦略的な強みとしようとしたのであり、坂本城と佐和山城はまさにそのために必要不可欠な南北の二つの城であったということができる。

また、この一五七三年（天正元）の琵琶湖の水運を活用した軍事的行動の成功が、信長に天下統一へのあらたな第一歩となったことは、一五七六年（天正四）に始まる安土城の構築がなによりもよくそのことを指し示している（史料11）。続いて、信長がなぜ安土の地にみずからの城を構築しなければならなかったかを見ていきたい。

**史料11　『信長公記』〔一五七六年（天正四）正月〕**

正月中旬より江州安土山御普請、惟住《これずみ》（丹羽長秀）五郎左衛門に仰付けらる。

## 七　二つの安土山城

城地に安土山（標高一九八メートル）を選ぶことは当時の築城の常識からすれば、まずありえないことであった。なぜならば、そのすぐ南には標高四三二メートルの繖《きぬがさやま》山が聳《そび》えていたからである。安土山は繖山から見下ろされる位置にあり、城地としてはこれほど不適切な場所はなかった（写真1）。また、湖東を南北に走る街道（後の中山道《なかせんどう》）は繖山の南麓を走っており、安土山は街道からも遠く離れていた。つまりかの街道を扼《やく》するには誰が考えても繖山を拠点とする方が合理的であったわけで、事実、中世には近江守護六角氏が同山に居城観音寺城を築いた。

### 伊庭氏の旧「安土城」

では、なぜ信長はあえて繖山よりもはるかに低く街道からも遠く離れた安土山に城を築いたのだろうか。そのことを考える上で一つの手がかりとなるのが、戦国時代まで安土を拠点としていた守護代伊庭《いば》氏の活動である。

現在、「安土城」といえば、ほとんどの人が信長の構築した安土城を思い浮かべる。しかし、実は安土には信長の「安土城」以前に、すでに「安土城」が存在したのである。そのことを明確に伝えるのが、一五一四年（永正十一）以前に近江守護六角の守護代であった伊庭貞隆《いばさだたか》（出羽守《でわのかみ》）が湖西の土豪小松氏に下した史料12の書状（書下）である。

内容は、音羽庄と大三屋の件について尋ねたいことがあり、すぐに「安土城」にまで来るようにといういたってシンプルなものである。しかし、この書状中に見える「安土城」の三文字によって、すでに十六世紀前半に安土に伊庭貞隆が城を築いていたことが確実にわかる。

伊庭氏が本拠地としたのは、安土のすぐ北に位置する「伊庭」の集落である。今でこそ伊庭と安土は地続きであるが、戦国時代、この二つの地区の間には内湖が入り込んでいた。船を使えばそのあいだの往来は至便の距離と言ってよく、であればこそ伊庭氏も周辺でもっとも小高い安土山に城を築いたのであろう。むろん、城といってもそれが

写真1　安土山（城）と繖山

**史料12　「伊庭貞隆書下」〔年未詳七月五日付〕**

音羽庄《おとわのしょう》と大三屋の儀につき、相尋ぬべき子細これある間、不日《ふじつ》、安土城に至り越さるべし。聊《いささ》かも遅滞あるべからざるものなり。恐々謹言。

七月五日　　出羽守《伊庭貞隆》（花押）

小松

乾殿

（注）発給は一五一四年（永正十一）以前

先に見た「多賀大社参詣曼荼羅」に描かれた佐和山城のような板葺きの建物群からなるものであったろうことはいうまでもない。

ただ、注目すべきは、この「安土城」を活動拠点としていた伊庭貞隆が戦国時代には強大な力をもって、主家の六角氏と近江の覇権を争っていたという事実である。彼がその経済的・軍事的な基盤としていたのが、ほかならぬ琵琶湖の水運であった。すなわち守護の六角氏が陸路をおさえていたのに対して、守護代の伊庭氏は水路をおさえることで主家と互角に対等にわたりあっていたのである。その意味で、両者の戦いは「安土城」を拠点に琵琶湖の水運を掌握する守護代と、観音寺城を拠点に陸路を掌握する守護の戦いであったということができる。信長は、この両者の覇権争いを通じて、近江においては琵琶湖の水運が戦略的にいかに有効なものであるかを知るにいたっていたと考えられる。

## 琵琶湖水運の中心となる安土城

しかし、それだけが安土山に築城した理由ではなかった。信長が最終的にかの地に城を築くことを決意したのは、やはり先に見た一五七三年（天正元）の「大船」による岐阜から京都への進攻の成功があってのことと考えられる。安土山は地理的に見れば、かの時「大船」が疾走した佐和山城と坂本城のほぼ中間に位置する。

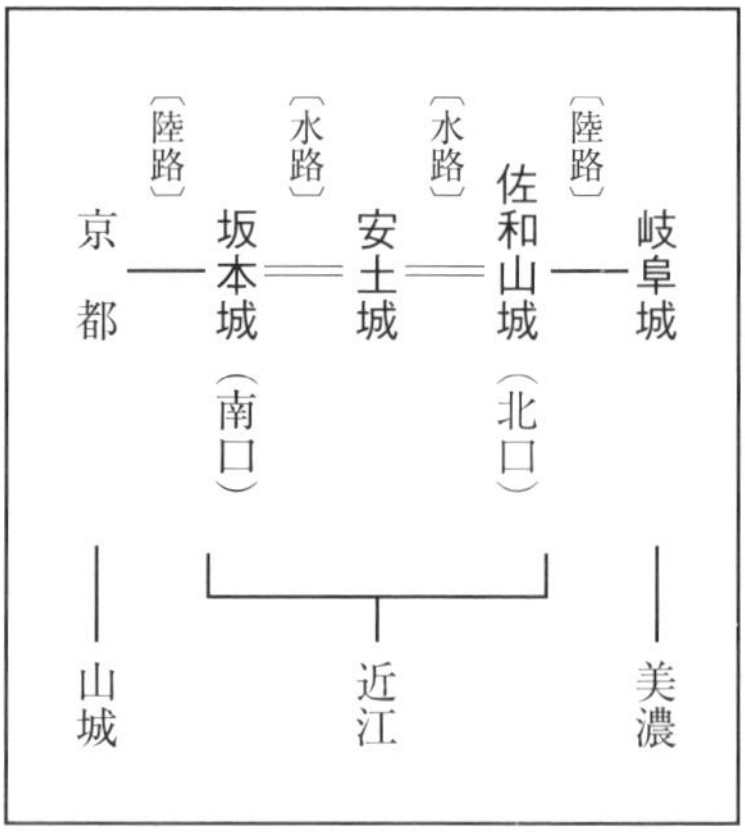

図6　安土城を中心とした信長の支配図

その点を念頭において、一五七六年（天正四）の安土城構築後の佐和山城と坂本城、さらには岐阜城と京都の関係を図示すれば、図6のようになる。

信長が安土城を中心に、左右の羽を大きく広げる形で、岐阜と京都を含んだみずからの支配圏を統轄しようとしていたことがよくわかる。琵琶湖の水運を活用するには、安土こそがその中心としてふさわしい地であり、信長はその点で近江では陸路を捨て水路にみずからの天下統一の夢を委ねたということができる。

# 八　むすび——信長の天下統一プラン

## 天下統一の拠点

最後に、以上で述べたことを簡潔にまとめて、むすびとしたい。

天下統一をめざす信長にとって、一五七〇年（元亀元）時点では、近江は政治的・戦略的に非常に重要な国であった。なかでも「北口」と「南口」の掌握なくして、天下統一の道はありえないことを彼が思い知らされたのは、一五七〇年（元亀元）九月から十二月にかけての宇佐山城での孤立であった。その結果、「北口」では佐和山城の制圧、「南口」では延暦寺の壊滅が信長にとっての最重要課題となる。一五七一年（元亀二）、信長はまず「北口」では佐和山城を確保、ついで「南口」では延暦寺を壊滅させその跡に坂本城を築くことでそれらの課題をともに克服する。

その後、一五七三年（天正元）の足利義昭との戦いで、佐和山城と坂本城の間を「大船」を利用して勝利した信長は、やがてこの二つの中間に天下統一の拠点を求める。それが一五七六年（天正四）の安土城の築城であった。信長は琵琶湖の中央に聳《そび》えるこの安土城を中心に、同心円状に天下統一の輪を拡げていこうと考えていたとみてよい。

## 信長の構想の独創性と限界

ただ、これは信長の時代ではやむを得ないことではあるが、日本全体から見るとやはり近江の琵琶湖は内陸部にあって、天下統一の中心となりえるところではなかった。やがて信長の後継者となった秀吉が信長の構想をすべて捨て、あらたに伏見から大坂へと政治の中心を変えていったのはそのためである。

この点で安土を中心とした天下統一構想は、あくまでも信長時代に限定されたものであったといわなければならない。しかし、信長にとってはどこまでも安土がその天下統一の中心地であり、それは琵琶湖の水運を活用した天下統一構想という点で実に独創的なものであった。

安土城と坂本城の二つの城は、天王山の合戦から二日後の一五八二年（天正十）六月十五日ともに焼失する。京都の吉田神社の神官であった吉田兼見《かねみ》は、その様子を「安土に放火すと云々。山下より類火すと云々」「坂本の城、天主に放火すと云々」と日記に書きとめている（史料13）。また奈良の多聞院《たもんいん》英俊という僧も山越えに遠く見えた坂本城の焼亡のありさまを克明に日記に記している（史料14）。坂本城は明智勢による自焼であったが、安土城に火を放ったのは誰だったのか、それは今も明らかにはなっていない。

**史料13　『兼見卿記』**（一五八二年（天正十）六月十五日）

安土に放火すと云々。山下より類火すと云々。（中略）
坂本の城、天主に放火すと云々。高山次右衛門火付け切腹すと云々。

**史料14　『多聞院日記』**（一五八二年（天正十）六月十五日）

一、向州（光秀）人数千餘、十二日ニ損了《おわんぬ》。坂本へワツカ三十計《ばかり》ニテ打帰《うちかえる》。昨日ヨリ筑前（秀吉）、大津マテ打越了《おわんぬ》。今日、山ニテ見レハ、比叡山ノ東ノ方大焼也ト申。必定坂本焼。城責《しろぜめ》之ト聞ヘタリ。

# 第３章
# 京の城と信長
## ――なぜ信長は京都に城を構えなかったのか

河内《かわうち》　将芳《まさよし》

## 一　はじめに

よく知られているように、京都には、織田信長や豊臣秀吉（羽柴秀吉）、そして徳川家康が入京して、天下統一の一大拠点とした。そのため、京都には、その拠点にふさわしい城が築かれた。秀吉の聚楽第《じゅらくだい》や家康の二条《にじょう》城などがそれらである。

いっぽう、秀吉や家康に先行して入京した信長が、京都に拠点となるような城をなぜ構えなかったのか、という点については、これまで思いのほか考えてこられなかったように思われる。そこで、ここでは、この点について、おもに古文書や古記録など文献史料をもちいて考えていきたいと思う。

おそらくそれを考えていくことは、信長が京都をどのように考えていたのか、あるいは信長がなぜ京都で命を落とさなければならなかったのか、といった問題へとつながっていくこととなろう。

## 二　武家御城——足利義昭御所、旧二条城

### 武家御城

さて、信長が、足利義昭《あしかがよしあき》を擁して京都に入ってきたのは、一五六八年（永禄《えいろく》十一）九月のことである。信長は、入京するやいなや、京都周辺に勢力をたもっていた三好《みよし》三人衆などを掃討、義昭を将軍職につけたのをみとどけて、その年末には本拠の岐阜へと帰る。

信長が岐阜へ帰っているあいだ、義昭はいったいどこにいたのかといえば、本国寺《ほんこくじ》（本圀寺）という日蓮宗寺院に寄宿していたことが知られている。本国寺は、当時洛中でも、もっとも巨大な寺院として知られていたので、ここを義昭の仮御所としたのである。

ところが、翌一五六九年（永禄十二）正月五日、その本国寺にいた義昭を三好三人衆が襲撃する。さいわいにも、在京していた武士たちによって、三好三人衆は撃退されたものの、信長はそれにまにあわなかった。

旧暦正月といえば、現在とくらべると、多少は春に近かったとはいえ、まだまだ雪が降る季節である。また、岐阜から京都へ行くためには、かならず関ヶ原や伊吹《いぶき》山麓を通らなければならない。当然、雪に道をはばまれるということもあり、実際、このときも信長は雪で通れなかった。

おそらくは、それではまずいと思ったのだろう。その結果、義昭のために城を築くことになった。史料によれば、信長は、その年の正月からさっそく築城をはじめたことがわかる。そして、その城が、いわゆ

る「武家御城《ぶけおしろ》」とよばれるものであった。

ここでいう「武家」とは、将軍を指し、したがって「武家御城」とは将軍の城を意味する。かつては、旧二条城ともよばれ、その後は、足利義昭御所ともよばれることがあったが、ここでは、史料に出てくることばにそくして「武家御城」とよんでいくことにしよう。

それでは、その城はどのように築かれていったのであろうか。まずは、史料1からみていくことにしよう（以下、引用する史料は、読みくだしにしている）。

> **史料1**　『言継卿記《ときつぐきょうき》』（一五六九年（永禄十二）正月二十七日条）
>
> 勘解由小路《かでのこうじ》室町真如堂光源院《むろまちしんにょどうこうげんいん》御古城、また御再興、織田弾正忠《だんじょうちゅう》信長奉行せしめ、御普請これあり

右は、『言継卿記』とよばれる、公家の山科言継《やましなときつぐ》がしたためた日記である。それによれば、信長は、義昭のために「勘解由小路室町」という地に城を「御再興」しようとしたことがわかる。ここでなぜ「御再興」ということばがつかわれているのかといえば、ここには、かつて、「光源院」こと、義昭の兄で、十三代将軍であった足利義輝《よしてる》の「御古城」があったためであった。つまり、信長は、かつて義輝の城のあった由緒ある地に義昭のための城を築こうとしたことがあきらかとなろう。

## 石蔵（石垣）を積む

一般に城がどのように築かれていったのかといったことは、文献史料でたどることはむずかしい。その

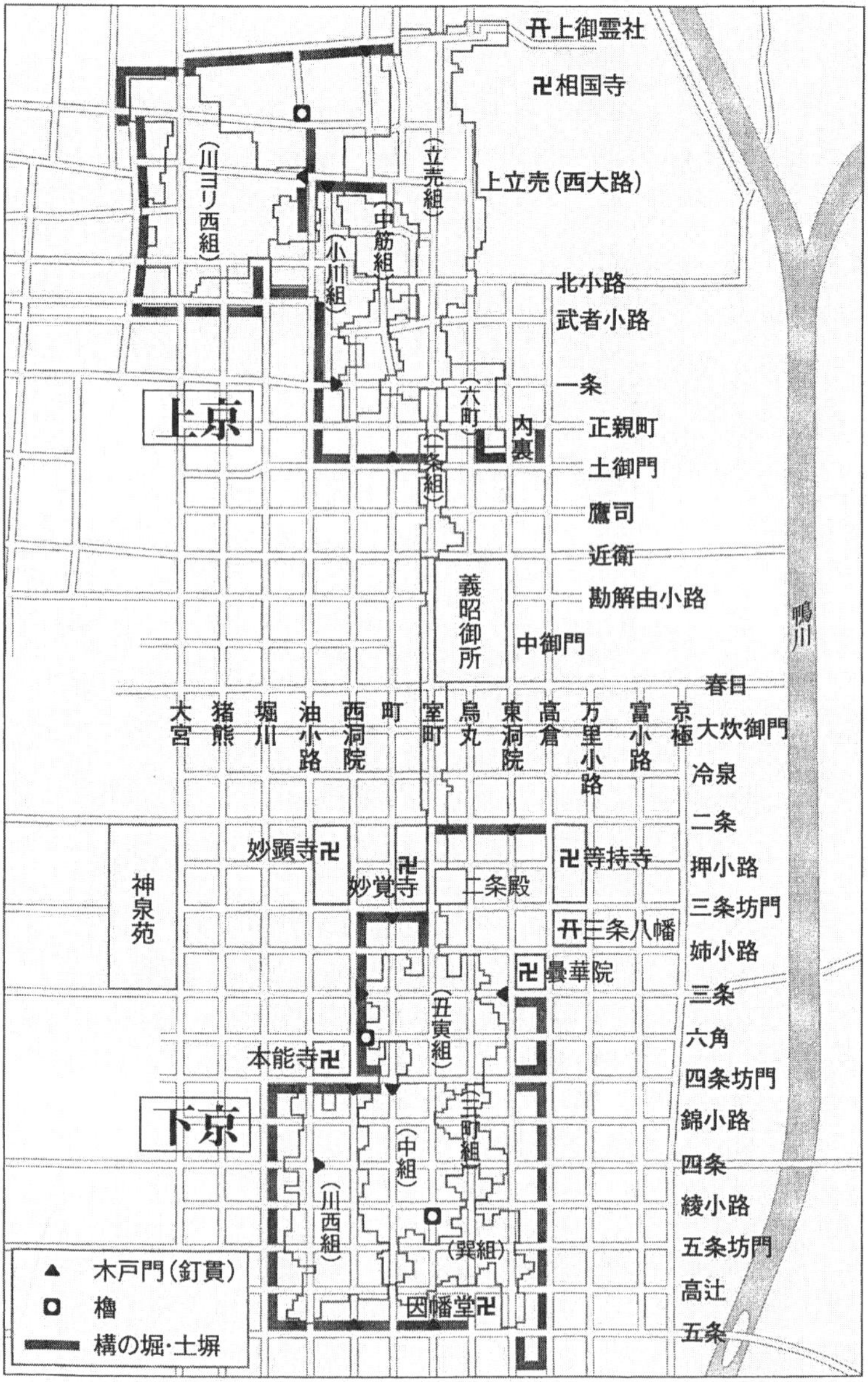


図1　戦国時代（信長上洛後）の上京・下京（河内将芳『信長が見た戦国京都』より）

なかにあって、この「武家御城」については、京都に築かれたということもあるのだろう、多くの公家たちによってそのようすが書き残されている。そこで、ここでは、それらをとおして、築城のようすを追いかけていくことにしよう。

**史料2**　『言継卿記』（一五六九年〈永禄十二〉二月二日条）

もとのごとく武家御城に近日普請とうんぬん、（中略）今日より石蔵これを積むとうんぬん、尾州《びしゅう》・濃《のう》州《しゅう》・勢州《せいしゅう》・江州《ごうしゅう》・伊賀《いが》・若州《じゃくしゅう》・城州《じょうしゅう》・丹州《たんしゅう》・摂州《せっしゅう》・河州《かしゅう》・和州《わしゅう》・泉州《せんしゅう》・播州《ばんしゅう》少々ことごとく上洛、石これを持つ、（中略）まず西の方とうんぬん、

右もまた『言継卿記』であるが、これによれば、二月二日から、まず「石蔵」（石垣）が積みはじめられたことがわかる。この記事が興味深いのは、石垣を築くのに、信長の領国であった「尾州」（尾張《おわり》）や「濃州」（美濃《みの》）だけではなく、畿内近国から「播州」（播磨《はりま》）にいたる人びとが上洛して、石を積んだことがわかる点であろう。将軍の城なので、広範囲の武士たちが動員されたことがうかがえる。

また、「西の方」から石垣が積まれたという記事から、おそらくは室町通りに面したところから石垣が築かれたこともわかる。と同時に、城は石垣から築かれるということが、具体的に記されている点でも重要な史料といえよう。

こうして築かれていった石垣について、当時、日本に来ていたイエズス会の宣教師たちも、つぎのような記述を残している。

**史料3**　『耶蘇会士日本通信《やそかいし》』（一五六九年〈永禄十二〉六月一日条）

工事は日本においてはかつて見たることなき石造とするに結せしが、これに用うる石なきをもって多数の石像を倒し、頚《くび》に縄をつけて工事場に引かしめ、（中略）石の祭壇及び仏すなわち偶像を地上に倒してこれを破壊し、車に積んで運搬、

これによれば、信長は、石垣にもちいる石がないので、「多数の石像」をたおし、「頚に縄をつけて工事場」へ引いていき、それらを破壊して利用したとされている（口絵写真3）。つまり、石地蔵などを壊して石垣にもちいたというのである。この記事などから、かつては、信長は信仰心がないなどといわれたこともあったが、最近では、ほかの城でも同じようなことがおこなわれていたことがあきらかとなっており、けっして特別なことではなかったと考えられている。

## 西側と南側の石垣

それでは、これ以後、どのように築城はすすんでいったのであろうか。ここでもまた、『言継卿記』を中心に追いかけていくことにしよう。

**史料4**　『言継卿記』（一五六九年〈永禄十二〉二月七・九・十四・十九日条）

西方石蔵大概出来《しゅったい》、今少し残りおわんぬ、高四間《けん》一尺とうんぬん（七日条）

武家御城南の岸崩れ、人夫《にんぷ》七八人死ぬとうんぬん、日々数千人普請なり（九日条）
十ヶ国ばかり諸侍ども自身普請なり、石蔵西面ことごとく、また南面半分過ぎ出来なり（十四日条）
西南石蔵大概出来（十九日条）

まず、二月七日の記事からは、「西の方」の石垣が二月七日は、「大概」できあがっていたこと、また、その高さが「四間一尺」（約八メートル余り）になっていたことがわかる。いっぽう、これと並行して南の方の石垣も築かれはじめていたとみえ、九日には、そこでの事故により「人夫」（労働者）が七、八人も死んだことが読みとれる。

先にもみたように、二月二日に石が積みはじめられたばかりなのに、わずか五日ほどで石垣ができあがっていくようすが読みとれる。その背景には、「十ヶ国ばかり」の「諸侍ども」が動員され、日々、「数千人」におよぶ「人夫」が普請にたずさわっていたことが関係していよう。大規模な突貫工事が、京都のなかでおこなわれていたことがあきらかとなる。

そして、半月後の十九日には、西の方と南の方の石垣が完成したこともあきらかとなるが、これからしばらくすると、今度は城内の普請のようすもわかってくるようになる。

写真１　「武家御城」跡（京都市上京区室町通下立売下る）

**史料5** 『言継卿記』（一五六九年（永禄十二）三月三日条）

細川右馬頭《うまのかみ》庭の藤戸石《ふじといし》、織弾（織田信長）三四千人にてこれを引く、笛鼓《ふえつづみ》にてこれを囃《はや》す、勘解由小路室町まで、日暮れのあいだ、御堀の内へは入らずとうんぬん、

ここにみえる「藤戸石」は、現在、京都醍醐寺《だいごじ》の三宝院《さんぼういん》の庭園に残されているが、当時から有名な庭石として知られていた。それが、このころには、「細川右馬頭」屋敷の庭にあった。それを信長が三、四千人を動員して、「笛鼓」で囃しながら、工事現場である「勘解由小路室町」まで運ばせたことが読みとれる。と同時に、有名な庭石が運ばれたという点から、城内には「御庭」やさまざまな建物もつくられる予定であったことがうかがえよう。

それを裏づけるように、このころになると、建物などのようすも少しずつわかってくるようになる。

**史料6** 『言継卿記』（一五六九年（永禄十二）三月七・十一・二十八日条）

内の磊《いしくら》大概今日ことごとく出来《しゅったい》、驚目《きょうもく》のことなり、十一ヶ国衆普請なり（七日条）
南御門、昨日建櫓《たてやぐら》これを揚ぐ（十一日条）
西の門矢蔵これを取り立つ、御庭の石大概これを立つ、三四百ばかりか（二十八日条）

まず、七日条から「内の磊」、つまり内側の石垣が「大概」できあがっていたことがわかる。ここからは、「武家御城」が、二重の堀によって囲まれた城として普請されたことがあきらかとなる。また、十一日条や二十八日条からは、「南御門」や「西の門」が建てられたこと、しかもそれらの門には、「櫓《やぐら》」（「矢蔵」）がそなわっていたことも知られる。さらに、二十八日条からは、先の「藤戸石」以外にも三、四百におよぶ「御庭の石」が立てられたこともわかるが、「武家御城」の庭園が、多数の石をもちいた壮麗なものだったことがうかがえよう。

ちなみに、門の数は、右の史料にみえるもののほかに、もう一か所あったようである。というのも、つぎのような史料もみられるからである。

> **史料7**　『耶蘇会士日本年報』（一五六九年（永禄十二）五月十七日条）
>
> 三ヶ所にはなはだ大いなる門を設け、石堡《せきほう》をもってこれを防禦《ぼうぎょ》し、その内に少しく狭き堀を造り、

これによれば、門は合計「三ヶ所」あり、それらの門には、櫓だけではなく、「石堡」（石垣）もそなわっていたことが読みとれよう。

## だし（馬出）と天主

このようにしてみるとわかるように、本国寺での苦い経験が相当影響しているのだろうか、信長は、「武家御城」を徹底的に防備をかためた城に仕立てようとしていたことが知られるが、それは、つぎのよ

うな史料からもうかがうことができる。

史料8　『言継卿記』（一五六九年〈永禄十二〉四月二日条）

磊《いしくら》三重ことごとく出来《しゅったい》のうえ、また南巽《みなみたつみ》のだしの磊出来、ただいま東のだしこれを沙汰す、少々出来、

これによれば、「磊」（石垣）は「三重」となっており、二重どころか三重の堀をそなえたものとなっていたことがわかる。また、「南巽」（南東）と「東」には「磊」（石垣）によってつくられた「だし」までそなえられていたことがあきらかとなろう。

ここにみえる「だし」とは、馬出《うまだし》ともいい、一般に城の虎口《こぐち》（要所にあたる出入口）や城門をまもるため、そのまえにもうけられた土塁や石塁を意味する。右の史料からは、三つ目の門が東側にあり、また、そこには、「南御門」と同様に「だし」が構えられ、とりわけ堅い防備がほどこされていたことが知られよう。

「武家御城」が攻められるようなことがあるとすれば、それは南側からか、あるいは東側からであると信長が考えていたことが、この「だし」のありかたからうかがえる。それに対して室町通りに面していた西側には、防備より、むしろ「武家御城」の象徴となるようなものをつくっていた。そのことがわかるのが、つぎの史料である。

史料9　『言継卿記』（一五七〇年（元亀《げんき》元）七月二十二日条）

坤《ひつじさるすみ》角三重櫓これを見る、

旧暦の七月中旬といえば、盆の季節にあたる。当時の京都では、この時期に風流踊《ふりゅうおどり》とよばれる行事が各所でおこなわれた。ふつう風流踊といえば、現在の盆踊りの原形といわれているが、このころの風流踊は、盆踊りというイメージとはかなりかけはなれた、はなやかなものであった。しかも、路上を移動しておこなわれていたところも、現在の盆踊りとは大きく異なっていた。

右の史料は、その風流踊がおこなわれる時期に山科言継が「武家御城」の「坤」（西南）の角に建てられた「三重櫓」を見物したことがわかるものである。ここからは、「武家御城」に三重の櫓があったことがあきらかになると同時に、この櫓を『元亀二年記』という史料では、「天主」と記しているところから、のちの天守につながるような建物が「武家御城」にはあったことが知られよう。

天守といえば、一五七六年（天正四）に信長が近江で築いた安土城の天主が有名であるが、この「武家御城」の「天主」は、それより七年以上もまえのものとなる。ここから、信長にとって、天守は城郭には不可欠なものとの意識があったことがうかがえよう。

以上みてきたように、京都において、総石垣で、しかも天守までそなえた城が築かれたのは、この「武家御城」が史上はじめてとなる。そういう意味では、「武家御城」は、のちの聚楽第や二条城の先駆けともいうべき存在であったことが知られよう。

## 三　信長の宿所

### 妙覚寺

あらためてふりかえってみれば、石垣を積みはじめたのが一五六九年（永禄十二）二月二日、そして、完成にいたったのが、つぎにみるように、四月十三日ころと考えられるので、おどろくべき早さで「武家御城」はできあがったことがわかる。

ここからは、城というものが、思いのほか短期間で完成できる種類のものであったことが知られる。それでは、「武家御城」が完成したあと、信長はみずからの宿所をどこにおいたのだろうか。この点については、つぎの史料が手がかりとなろう。

**史料10**　『言継卿記』〔一九六九年（永禄十二）四月十三日条〕

今晩織田弾正忠（信長）、妙覚寺《みょうかくじ》へ移るとうんぬん、磊《いしくら》の内へ明日武家（足利義昭）御移るとうんぬん、

右の史料からは、四月十三日の晩に信長が妙覚寺という寺院へ移り、翌日に「武家」（足利義昭）が、「磊の内」、つまりは「武家御城」へ入城する予定であったことがわかる。これによって、「武家御城」は、この四月十三日ころには完成していたことがあきらかとなるわけだが、信長が移った妙覚寺というのは、このころ京都におよそ十六か寺存在していた日蓮宗の本山寺院のひとつであった。

その妙覚寺は、現在も京都に所在しているが、このころの場所とは大きく異なっている。当時は、三条坊門《ぼうもん》通り（現在の御池《おいけ》通り）と室町通りが交差したところから北西に位置した。それではなぜ、信長がここを宿所にしたのかといえば、妙覚寺の西側をはしる室町通りを北上すれば、三〇〇メートルほどで「武家御城」にたどりつくことができるという立地が大きな理由だったのだろう。

また、当時、日蓮宗寺院の多くは、寺の周囲に堀を構えるなど城構えのようになっていたことも関係する。たとえば、義昭がいた本国寺にも、堀があったことが発掘調査によってあきらかとなっており、当時、一時的な宿所としては、日蓮宗寺院はうってつけの存在だったのだろう。

ところで、本国寺での義昭の場合もそうだったが、信長も、妙覚寺には寄宿《きしゅく》したと史料には出てくる。寄宿とは、文字どおり一時的にその場を接収して住むということであり、普請や改築をしたりするわけではない。したがって、寺院であれば、僧侶たちとの同居ということもありえた。

信長の場合、ほぼ一貫して、上洛したさいにはこの妙覚寺に寄宿したことが確認できる。それは、一五七三年（元亀四）に義昭を京都から追い落とし、「武家御城」を壊した後でも同様であった。そういうことをふまえるならば、信長は、京都に拠点をおこうという意志がかなり薄かったといわざるをえないであろう。

写真2　現在の妙覚寺（京都市上京区上御霊前新町東入）

## 信長の屋敷

それでは、信長は、京都に拠点となるような施設をまったく構えようとしなかったのかといえば、そうでもなかった。たとえば、義昭を追い落とした直後につぎのような動きをみせたことが知られているからである。

**史料11 『兼見《かねみ》卿記』〔一五七三年（元亀四）七月十四日条〕**

柴田(勝家)・藤吉郎(羽柴秀吉)・滝川(一益)・丹羽五郎左衛門尉(長秀)・夕閑(松井)・前場《まえば》七郎兵衛《しちべえ》おのおの来《き》たる、（中略）当山御屋敷にしかるべきのよし、明智(光秀)御前において申すなり、しかるあいだ、信長より仰《おお》せつけられ、見に来たるのよし申されおわんぬ、（中略）なかなか御屋敷になりがたし、

これは、公家の吉田兼見《かねみ》の日記『兼見卿記』にみえる記事だが、それによれば、信長の家臣である「柴田」（柴田勝家）や「藤吉郎《とうきちろう》」（羽柴秀吉）らが兼見のもとをおとずれ、「当山」（兼見屋敷のある神楽ケ《かぐらが》岡《おか》、吉田山）を信長の「御屋敷」にしては、との「明智」（明智光秀）の進言にしたがって実地検分にきたものの、結局のところ、ふさわしくないとの結論が出されたことが読みとれる。

光秀がなぜ、ここを「御屋敷」にするのがよいと進言したのか、その理由についてはさだかではないが、義昭を京都から追い落としたのち、信長も京都にみずからの拠点を構えようと考えていたことはうかがえよう。

実際、それを裏づけるように、翌一五七四年（天正二）にも、つぎのような動きがみられたことが知ら

れる。

**史料12**　『聚光院文書《じゅこういんもんじょ》』〔一五七四年（天正二）四月二日〕

また信長去月廿日ころ上洛す、相国寺《しょうこくじ》を城に構えられ、諸塔頭《たっちゅう》ことごとく居取《いど》りそうろうよしそうろう、（中略）また多聞《たもん》の城も松永右衛門助（久通）降参、城を明けられそうろう、主殿《しゅでん》などは相国に引かるべきの沙汰これあり、

右によれば、信長は、禅宗寺院であった「相国寺」を「城に構え」ようとするだけではなく、松永氏の居城として知られる奈良の「多聞の城」から「主殿」を移築させようという計画まですすめていたことが読みとれる。

相国寺《しょうこくじ》は、室町幕府三代将軍であった足利義満《あしかがよしみつ》によって建立された大寺院である。そして、現在も同じ場所に所在しているが、もし右の計画が実現していたならば、巨大な城が京都に登場することになっていたであろう。

## 二条御新造

ところが、この計画も実行には移されなかった。その理由についてはさだかではないが、ただ、これによって、一連の動きがとまったわけではなく、これから二年後の一五七六年（天正四）に入ると、いよいよ信長屋敷の普請が現実味をおびつつあったことがうかがえるようになる。たとえば、それは、つぎのよ

うな史料からあきらかとなる。

**史料13**　『言経卿記《ときつねきょうき》』（一五七六年（天正四）五月二日条）

二条殿御跡、大将（織田信長）殿屋敷になるを見物せしめおわんぬ、

これは、山科言継の息子言経《ときつね》の日記『言経卿記』にみえる記事である。それによれば、公家の二条家の屋敷であった「二条殿」の「御跡」に、当時、右近衛大将《うこんえのたいしょう》の官職を帯びていた信長の屋敷がつくられはじめていたことや、それを言経が見物しに行ったということなどがあきらかとなろう。

この「大将殿屋敷」の普請には、父言継もしばしば見物に行っていたようで、七月十九日には、例の「多門（聞）の城の主殿」が移築され、八月九日には、「寝殿」が「大概」完成、それをみて「目をおどろか」したようすも、その日記『言継卿記』から読みとることができる。

そして、おおよそ一年と数か月たった一五七七年（天正五）閏《うるう》七月ころには、屋敷は完成し、そこへ信長が入ったことも、つぎの史料からうかがえることになろう。

**史料14**　『信長公記《しんちょうこうき》』（一五七七年（天正五）閏七月六日条）

後《のちの》七月六日、御上洛、二条御新造《にじょうごしんぞう》へ御移徙《わたまし》、

右は、信長の伝記のうち、信頼できるものとして知られている『信長公記』にみえる記事だが、ここで

は信長の屋敷が「二条御新造」とよばれていたことが読みとれる。もっとも、ほかの史料では、「二条御所」とか「二条御殿」などともよばれているので、定まった名前はなかったようである。

また、史料のうえで城とは出てこず、そのうえ、「武家御城」の普請にかかった日数とくらべてみても、かなりの時間がかけられていたことなどから考えて、城というより、やはり文字どおり屋敷であったと考えるのが自然であろう。

そのことを裏づけるように、完成からわずか二年もたたないうちに、信長は、この「二条御新造」からも退去していったことが知られている。具体的には、それは、つぎのような史料からあきらかとなる。

**史料15**　『兼見卿記』（一五七九年（天正七）十一月十五日条）

親王（誠仁親王）御方へ信長（御殿）御進上とうんぬん、（中略）今度信長より御殿御進上治定《じじょう》なり、やがて御移徙《わたまし》の儀あり、おのおのその用意なり、

これもまた、『兼見卿記』にみえる記事だが、ここからは、信長が「二条御新造」を「親王御方」（誠仁《さねひと》親王）へと「御進上」し、みずからは、そこを退去したことが知られよう。

なぜ信長が、「二条御新造」を誠仁親王へ進上することになったのか、その理由を説明してくれる史料は残されてはいない。た

写真3　二条御新造跡（京都市中京区烏丸通御池上る）

だ、「二条御新造」を出たあとに信長が寄宿したのが、「二条御新造」の西隣に位置する妙覚寺であったということから、信長がふたたび妙覚寺に寄宿するようになった事実だけはあきらかといえよう。

## 本能寺

こうして、信長の宿所は、妙覚寺へとふりだしにもどるかたちになったわけだが、その翌年の一五八〇年（天正八）、信長は、妙覚寺からさらに宿所を移すことになる。それが、最期の地となる本能寺であった。

**史料16**　『信長公記』（一五八〇年〔天正八〕二月二十六日条）

二月廿六《にじゅうろく》日、本能寺へ御座《ござ》を居《す》えさせらるべきの旨にて、御成りありて、御普請のようす村井春長軒（貞勝）に仰せつけらる、

右によれば、信長は、一五八〇年（天正八）二月に本能寺へ「御座を居え」るため、「御普請」を家臣の「村井春《しゅん》

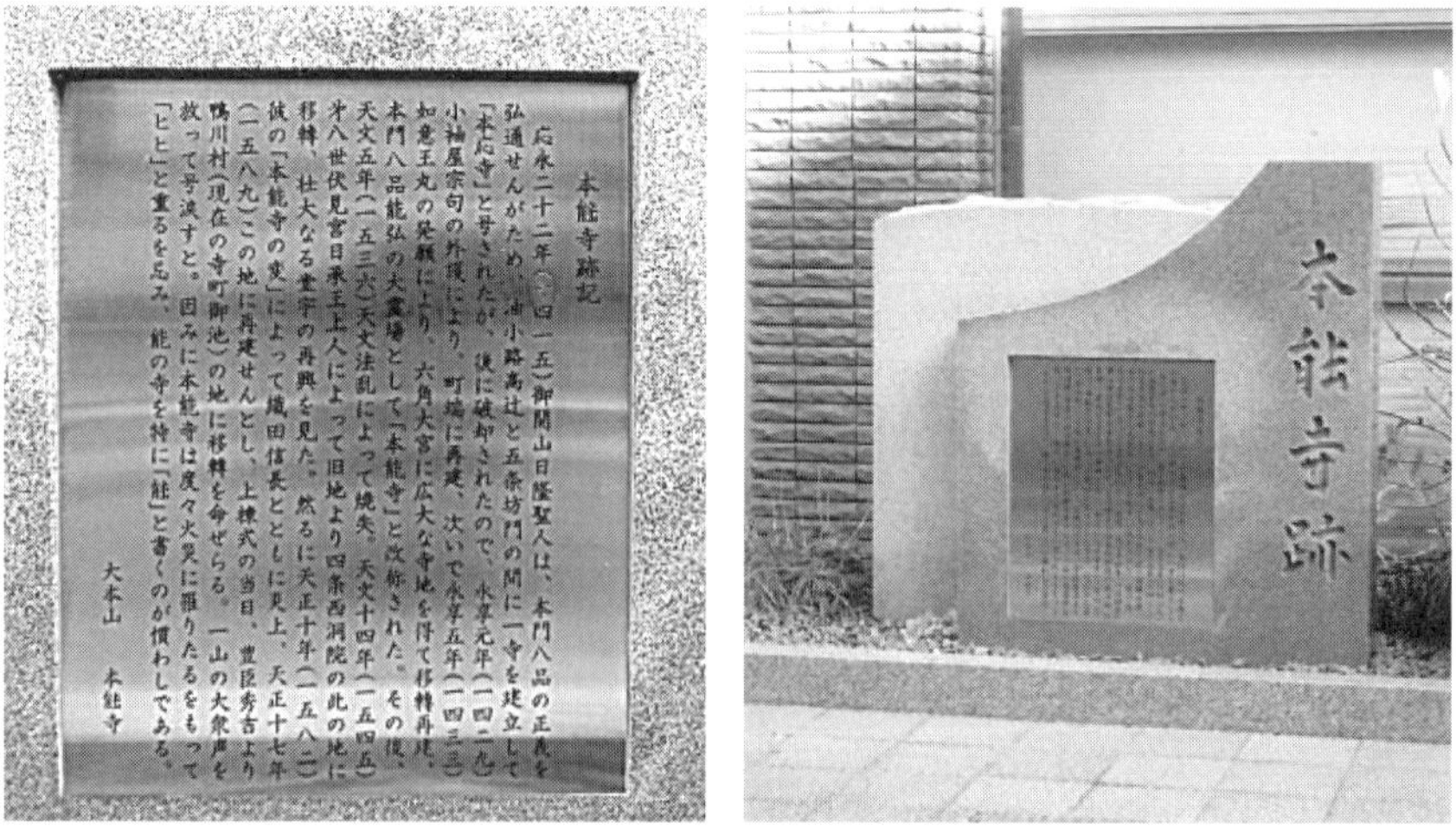


写真4　本能寺跡（京都市中京区小川通蛸薬師下る）

長軒《ちょうけん》」に命じたことがわかる。当時、本能寺は、四条坊門《しじょうぼうもん》通り（現在の蛸薬師《たこやくし》通り）と西洞院《にしのとういん》通りが交差したところから北西に位置しており、また、妙覚寺や本国寺と同様、日蓮宗（法華宗）の本山寺院のひとつとして知られていた。そういう意味では、これまでと同じようにみえるが、本能寺の場合、「御普請」ということばがみられることからもわかるように、単なる寄宿ではなかった点には注意が必要であろう。

もっとも、この本能寺もまた、史料のうえでは城ということばがみられないから、城にしたわけではなかった。また、信長が京都にいないときは、寺院としての機能もはたしていたようなので、寄宿と屋敷の中間のような存在であったと考えられよう。

それではなぜ、このとき信長は、妙覚寺から本能寺へと移ったのだろうか。その答えは、おそらくつぎの史料からみちびきだすことができると思われる。

**史料17**　『信長公記』〔一五八一年（天正九）二月条〕

二月十九日、（中略）中将信忠《（織田）》卿御上洛、二条妙覚寺御寄宿、

二月廿日、信長御出京、本能寺にいたって御座を移させらる、

これは、一五八一年（天正九）に信長とその後嗣《こうし》織田信忠《のぶただ》が上洛したさいの記事である。これをみると、信長より一日先に上洛した信忠が妙覚寺に、そして、その翌日に信長が本能寺に入ったことがわかる。つまり、ここから、妙覚寺に信忠を寄宿させるため、信長は、本能寺へと移ったのではないかと考えられるのである。

そのことを裏づけるように、この翌年、一五八二年（天正十）五月末に信長と信忠が上洛したさいにも、右と同じように、信忠は妙覚寺に、また、信長は本能寺に寄宿したということが知られる。おそらく、このようなかたちが、ひとつのパターンとしてなりたっていたのであろう。

そして、このようなかたちがもしなりたっていなければ、謀反《むほん》を思い立った明智光秀が、この年の六月二日に本能寺で信長を討ち果たしたあと、まようことなく妙覚寺にいた信忠を攻め、最終的には、東隣の「二条御新造」に立て籠もった信忠を滅ぼして、本懐をとげるようなこともなかったと考えられる。

こうしてみると、いわゆる本能寺の変が、なぜ本能寺でおこったのかという理由もあきらかとなろう。また、後嗣の信忠まで討たれたことによって、織田家が衰退していくことになったのも、つきつめれば、信長が、京都に拠点となるような城を構えず、妙覚寺や本能寺といった寺院に寄宿するかたちでしか宿所を構えようとしなかったことにいきあたるといえよう。信長が京都で命を落とすことになったのは、みずからが招いた出来事にほかならなかったのである。

写真５　現在の本能寺（京都市中京区寺町通御池下る）

## 四　おわりに

義昭のために「武家御城」を築いた信長がなぜ、みずからの城を京都に構えなかったのか、その理由をあきらかにしてくれる史料は残されていない。ただ、その理由のひとつとして考えられるのは、一五七六年（天正四）に近江に安土城を築き、そこを拠点にしていたということがあったのだろう。当時の距離感からしても、安土と京都のあいだは、一日でたどりつけ、わざわざ京都に拠点としての城を構える必要性を信長は感じていなかったと考えられるからである。

また、もうひとつの理由としては、京都は、信長にとって、城を構えるほど警戒する必要のない場所と認識されていたことも考えられるだろう。もし、そうでなければ、妙覚寺や本能寺に寄宿というかたちでしか宿所を構えなかったり、また、時間をかけて普請したにもかかわらず、「二条御新造」のような城ではない屋敷をつくったりはしなかったにちがいない。

しかしながら、この認識は、結果的にあやまっていた。そのため、信長は京都で命を落とすことになったわけだが、このようなあやまちをくりかえさないように後継者たちは考えたのだろう、秀吉も、また家康も京都に城を築いていくことになる。そういう意味では、信長が京都に城を構えなかったことで、逆に聚楽第も二条城も築かれるようになったといえよう。

〔参考文献〕

横田冬彦「城郭と権威」『岩波講座日本通史11　近世1』岩波書店、一九九三年
高橋康夫「織田信長と京の城」日本史研究会編『豊臣秀吉と京都―聚楽第・御土居と伏見城―』文理閣、二〇〇一年
河内将芳「中世本能寺の寺地と立地について―成立から本能寺の変まで―」『立命館文学』六〇九号、二〇〇八年
河内将芳『信長が見た戦国京都―城塞に囲まれた異貌の都―』洋泉社歴史新書y、二〇一〇年
河内将芳『日蓮宗と戦国京都』淡交社、二〇一三年
河内将芳『歴史の旅　戦国時代の京都を歩く』吉川弘文館、二〇一四年

# 第４章
# 近世大名織田氏の所領と陣屋
## ――信長後の子孫たちと城に代わる建物

土平《つちひら》　博《ひろし》

## 一　陣屋の構築をめぐって

### 陣屋とは――城に代わる建物

江戸時代、各地に構築された陣屋は、城よりも数多く、城の代わりとしての役割を果たしていた。ただし、「陣屋」という用語は多用であった。城を持つことを許されていない大名がその代わりとして居館ならびに諸施設を構築した施設、また、幕府郡代《ぐんだい》や代官が居住ならびに政務のために構築した施設、大名などが飛地領に置いた役所のような施設など、さらには幕末の蝦夷地《えぞち》に東北諸藩が置いた施設も陣屋と称した。いずれにしても、領主が所領を統括するために構築した建物やその付属施設が陣屋と呼ばれていたことになる。その規模はさまざまであった。

江戸時代初期、大名などの領地が決まっていくなかで大規模な城が築城された。その後は、領域の中心地が城および城下で、これらはセットとなるものであった。見方を変えると城と城下を中心として領域が構成されていることになる。そのような領域は大名の処遇、たとえば転封《てんぽう》、改易などによって変わる。しだいに城と城下がセットになった領地のあいだに隙間のような地域が発生する。あえて、江戸幕府がそうしたことも否めない。そのような地域を新たに大名領、幕府直轄領や旗本領とすることもあった。このような領域では新たに城を設けることができず、その代わりとなる施設が必要であった。

## 陣屋の構築と新規築城の規制

小さな領域が集中する地域では、陣屋が集中することにもつながった。一時的に設定された領域も多かったことから、その都度《つど》陣屋が構築され領域として解消されると廃止となる場合もあった。したがって陣屋の存続期間は城に比べると短期間に終わる場合も多かった。このように一時的に陣屋が存続する背景には、幕府による新規の築城規制に抵触しないという理由があった。小大名がもつ城の代用となる陣屋は幕府からの許諾を得ているが、構築することそのものが禁止されているわけではなかった。つまり、堅固な防御機能をもつ城でなければ構築が認められていたことを意味する。領域支配のための城とは明らかに違う構築物であった。

本章では、近世大名織田氏の所領変遷とそれに伴った陣屋の立地ならびにその構造をとらえることによって、陣屋プランの系譜について考えてみたい。また、織田氏の陣屋をみることによって小大名の陣屋の構造を今後検討していく糧としたい。

## 二　近世大名織田氏の所領分割

### 信長の子孫は

織田信長亡き後、その子孫は幕藩体制のなかで大名や旗本などとして家督を相続していった。江戸時代の大名織田氏の所領をみてみると、主として信雄《のぶかつ》と長益《ながます》の系統から、それぞれ領地分割によって大名や旗本の織田氏が存立し、さまざまな事情を経て幕末まで続いた。信雄と長益をはじめとして織田諸氏の経緯を（図1）に示した。この図をもとに織田諸氏の領地の変遷とその推移についてみてみよう。

### 信雄系の所領と推移

一六一五年（元和元）織田信長の次男信雄は、江戸幕府から大和国宇陀郡《やまとのくにうだ》（現奈良県）と上野国甘楽《こうずけのくにかんら》・多胡《たご》・碓氷《うすい》郡（現群馬県）に都合五万石余の領地が与えられたが、信雄は京都に居住していた。のちに信雄は四男信良《のぶよし》に上野国二万石の領地を分与した後引き続き大和国二万石余を領した。一六三〇年（寛永七）に信雄が死去したので、その遺領は五男高長《たかなが》が相続した。信雄の系統は、上野小幡《おばた》藩二万石と大和松山藩三万石余に分かれたことになる（図1参照）。なお、この二家は信長直系という名門の血筋であることから、信良は国持・城持、高長は准国主といった大名の待遇となっていた。

さて、大和松山藩では、高長のあと一六五九年（万治二）に長頼《ながより》が家督を継いだ。この時に弟である長政《ながまさ》に三千石を分与し、大和松山藩は二万八二〇〇石となった。なお、長政の系統は旗本として存続し、

— 3信久《のぶひさ》— 4信就《のぶなり》— 4信右《のぶすけ》
5信富《のぶとみ》
7信邦《のぶくに》
1信浮《のぶちか》— 2-1信美《のぶかず》— 2信学《のぶみち》— 3信敏《のぶとし》
4寿重丸《すえまる》

出羽天童藩＜天保元（1830）年＞

出羽高畠藩
＜明和4（1767）年＞

明治4（1871）年天童県

— 4信武《のぶたけ》— 5-1信休《のぶやす》— 2信朝《のぶもと》— 3信旧《のぶひさ》
— 4信憑《のぶより》— 5信守《のぶもり》— 6信古《のぶもと》— 7信貞《のぶさだ》— 8信敬《のぶのり》— 9信民《のぶたみ》— 10信親《のぶちか》

丹波国2万石

丹波柏原藩＜元禄8（1695）年＞

明治4（1871）年柏原県

— 信明《のぶあきら》
3000石 信栄《のぶよし》— 信之《のぶゆき》— 信味《のぶたけ》
信存《のぶあり》— 信愛《のぶよし》
時之助 幕末

寛永8（1631）年　廃藩（無嗣断絶）
宝永元（1704）年陣屋移転の許可

— 5長弘《ながひろ》
6長亮《ながあき》— 7輔宜《すけよし》　延享2（1745）年陣屋移転（和田村へ）　藩の名称変更
宝暦3（1753）年芝村騒動
8長教《ながのり》— 9長宇《ながのき》— 10長恭《ながやす》
11長易《ながやす》

明治4（1871）年芝村県

— 4秀親《ひでちか》— 6秀行《ひでゆき》
— 5成純《なりとし（しげすみ）》
7信方《のぶかた》— 8秀賢《ひでかた》— 10秀綿《ひでつら》— 11信陽《のぶあき》— 12信成《のぶしげ》
9長恒《ながつね》
13信及《のぶひろ（のぶつぐ）》

明治4（1871）年柳本県

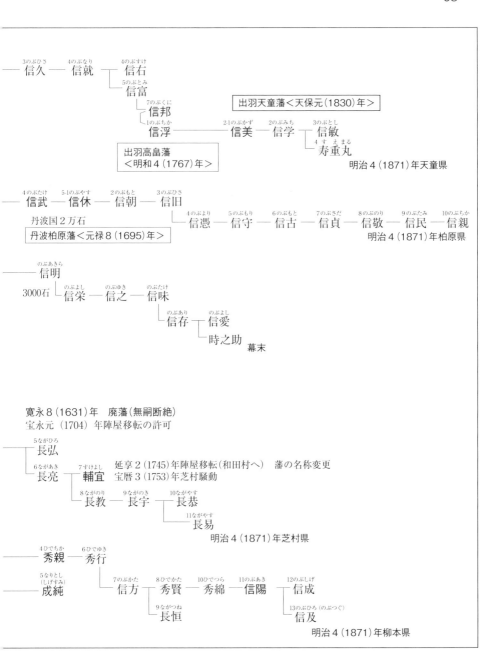

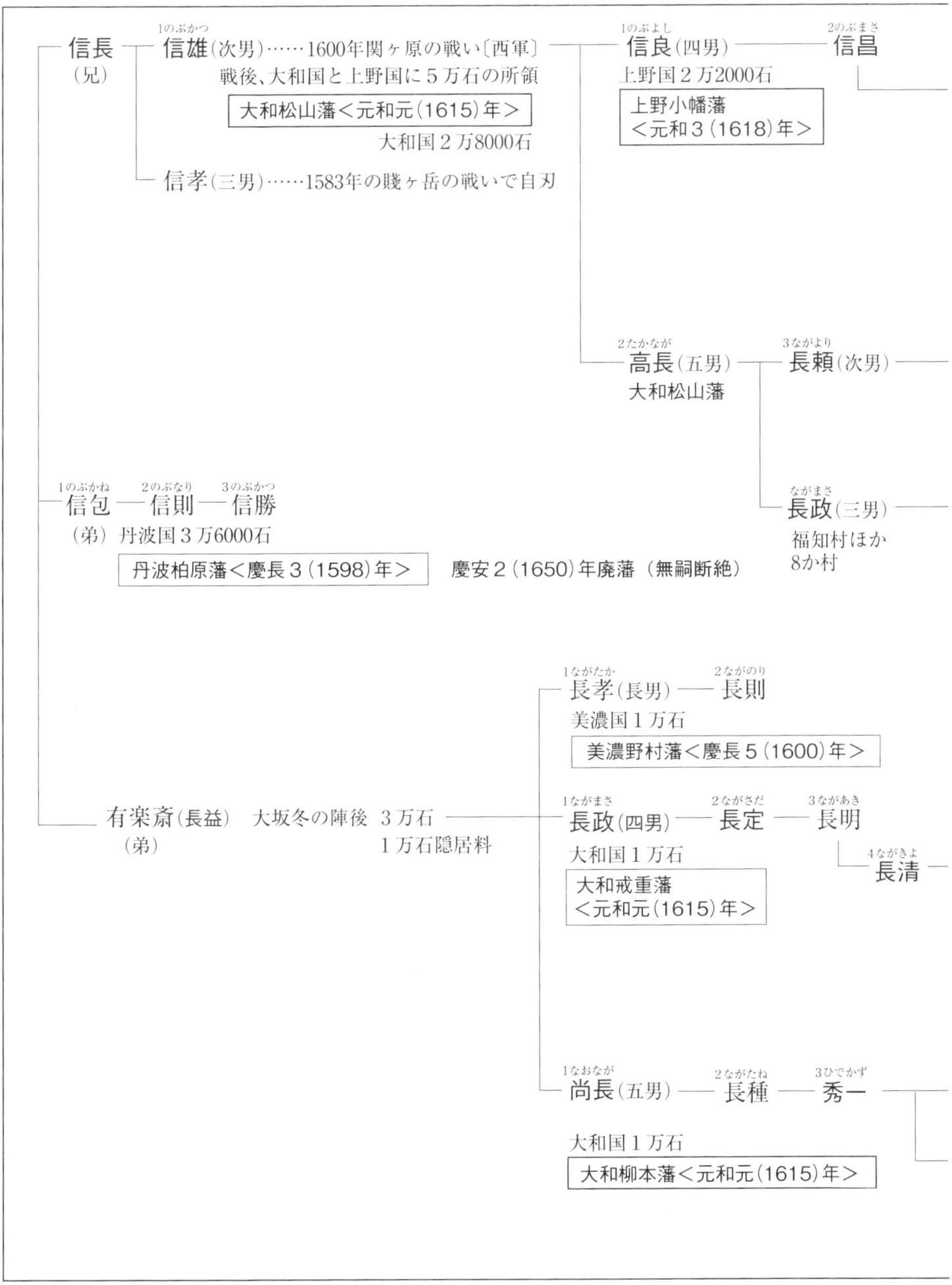
信長
（兄）
1信雄《のぶかつ》（次男）……1600年関ヶ原の戦い〔西軍〕
戦後、大和国と上野国に５万石の所領
大和松山藩＜元和元（1615）年＞
大和国２万8000石
1信良《のぶよし》（四男）
上野国２万2000石
上野小幡藩
＜元和３（1618）年＞
2信昌《のぶまさ》
信孝（三男）……1583年の賤ヶ岳の戦いで自刃
2高長《たかなが》（五男）
大和松山藩
3長頼《ながより》（次男）
長政《ながまさ》（三男）
福知村ほか
8か村
1信包《のぶかね》
2信則《のぶなり》
3信勝《のぶかつ》
（弟）丹波国３万6000石
丹波柏原藩＜慶長３（1598）年＞
慶安２（1650）年廃藩（無嗣断絶）
1長孝《ながたか》（長男）
2長則《ながのり》
美濃国１万石
美濃野村藩＜慶長５（1600）年＞
有楽斎（長益）
（弟）
大坂冬の陣後 ３万石
１万石隠居料
1長政《ながまさ》（四男）
2長定《ながさだ》
3長明《ながあき》
4長清《ながきよ》
大和国１万石
大和戒重藩
＜元和元（1615）年＞
1尚長《なおなが》（五男）
2長種《ながたね》
3秀一《ひでかず》
大和国１万石
大和柳本藩＜元和元（1615）年＞

図１　織田氏の系譜

表１　出羽高畠・天童織田氏の領地変遷

<table>
<tr><th></th><th colspan="2">1767（明和４）年</th><th colspan="2">1800（寛政12）年</th><th colspan="2">1848（嘉永元）年</th></tr>
<tr><td rowspan="3">信夫郡</td><td>南沢又村</td><td rowspan="3">3,315石1斗9升8合余</td><td rowspan="3"></td><td rowspan="3"></td><td rowspan="3"></td><td rowspan="3"></td></tr>
<tr><td>大谷地村</td></tr>
<tr><td>泉村</td></tr>
<tr><td rowspan="6">置賜郡</td><td>高畠村</td><td rowspan="6">4,646石2斗5升3合余</td><td>高畠村</td><td rowspan="6">4,646石2斗5升3合余</td><td rowspan="6"></td><td rowspan="6"></td></tr>
<tr><td>小郡山村</td><td>小郡山村</td></tr>
<tr><td>塩森村</td><td>塩森村</td></tr>
<tr><td>泉岡村</td><td>泉岡村</td></tr>
<tr><td>相森村</td><td>相森村</td></tr>
<tr><td>柏木目村</td><td>柏木目村</td></tr>
<tr><td rowspan="28">村山郡</td><td>天童村</td><td rowspan="10">12,352石7斗6升7合余</td><td>天童村</td><td rowspan="3">5,747石7斗8升6合余</td><td>天童村</td><td rowspan="28">23,153石3斗4升8余</td></tr>
<tr><td>芳賀村</td><td>芳賀村</td><td>芳賀村</td></tr>
<tr><td>蔵増門伝村</td><td>蔵増門伝村</td><td>蔵増門伝村</td></tr>
<tr><td>成生村</td><td rowspan="7"></td><td rowspan="7"></td><td rowspan="7"></td></tr>
<tr><td>久野本村</td></tr>
<tr><td>矢野目村</td></tr>
<tr><td>島大堀村</td></tr>
<tr><td>野田村</td></tr>
<tr><td>清池村</td></tr>
<tr><td>高擶村</td></tr>
<tr><td rowspan="18"></td><td rowspan="18"></td><td>奈良沢村</td><td rowspan="18">13,218石2斗5升7合余</td><td>奈良沢村</td></tr>
<tr><td>小関村</td><td>小関村</td></tr>
<tr><td>郡山村</td><td>郡山村</td></tr>
<tr><td>北目村</td><td>北目村</td></tr>
<tr><td>成安村</td><td>成安村</td></tr>
<tr><td>高楯村</td><td>高楯村</td></tr>
<tr><td>土橋村</td><td>土橋村</td></tr>
<tr><td>羽入村</td><td>羽入村</td></tr>
<tr><td>荒谷村</td><td>荒谷村</td></tr>
<tr><td>灰塚村</td><td>灰塚村</td></tr>
<tr><td>大清水村</td><td>大清水村</td></tr>
<tr><td>窪野目村</td><td>窪野目村</td></tr>
<tr><td>北青柳村</td><td>北青柳村</td></tr>
<tr><td>南青柳村</td><td>南青柳村</td></tr>
<tr><td>中野目村</td><td>中野目村</td></tr>
<tr><td>千手堂村</td><td>千手堂村</td></tr>
<tr><td>寺津村</td><td>寺津村</td></tr>
<tr><td></td><td>中野村</td></tr>
<tr><td colspan="2">合　計</td><td>20,314石2斗1升8合余</td><td></td><td>23,612石8斗9升6合余</td><td></td><td>23,153石3斗4升8余</td></tr>
</table>

宇陀郡福知村に陣屋を構えた。

一六八九年（元禄二）、長頼のあと信武《のぶたけ》が遺領を継いだ際、大きな事件が発生した。一六九四年（元禄七）、信武は老臣の生駒三左衛門《いこまさんざえいもん》と田中五郎兵衛《たなかごろうべい》を斬殺して自らも果てた。この事件は「宇陀崩れ」といわれている。その子信休《のぶやす》がその後を継ぐときに、大和松山藩は改易となった。翌一六九五年には信休は丹波国に領地二万石が与えられたことから、大和国から丹波国への転封は減封を意味していた。この織田氏は丹波国では柏原《かいばら》に陣屋を置いたので柏原藩（現兵庫県）と称して、以後、明治の廃藩置県まで続いた。

一方、上野国を領した信良についてみてみよう。大和松山藩から分与されて独立した信良は甘楽郡小幡を拠点として陣屋を整備した。その小幡藩は七代信邦まで続いたが、ここで一大事が発生した。それは明和年間のことであった。一七六七年（明和四）、尊王思想を鼓吹《こすい》する山形大弐《やまがただいに》らを謀反人として処刑した明和事件に家臣吉田玄蕃《よしだげんば》が関わっていたとされる事件で、これにより藩主信邦は蟄居《ちっきょ》処分となり、あとをついだ信浮《のぶちか》は出羽国《でわのくに》（一部は陸奥国）へと国替えになった。ここで織田氏の上野小幡藩は終わることになった。

信浮が国替えとなり得た領地は分散的であった（表1）。その領地は、陸奥国信夫郡《むつのくにしのぶ》（現福島県）三三一五石余、出羽国置賜郡《おきたま》（現山形県）四六四六石余・同国村山郡《むらやま》（現山形県）一万二二三五.二石余、都合二万三一四石余であった。このような領地分散状態のなかで置賜郡高畠《たかはた》村の高畠城跡に陣屋を築くことになった。よって、高畠藩と称された。一八〇〇年（寛政十二）には、陸奥国信夫郡の代わりに出羽国村山郡内の領地が追加された結果、出羽国置賜郡と村山郡の二郡にまとまった。これを機に、拠点を村山郡の天童《てんどう》に移すことになったが、まずは天童に代官を派遣していた。一八一八年（文政元）、信浮の死後、遺領を継いだ信美《のぶかず》が一八三一年（天保二）八月に陣屋を高畠から天童へ移した。このときに天童藩が成立した。置賜郡と村山郡は出羽国内といえども地続きではなかったこともあって、高畠には役人を派遣して支配するようになった。

一八四八年（嘉永元）、幕府は天童藩の置賜郡内の所領を村山郡の幕府領と交換して与えた。その結果、天童を中心とする一円的領地が成立することになり、以後、幕末まで存続して明治の廃藩置県にいたった。

## 長益（有楽斎）系の所領とその推移

信長の弟長益《ながます》は、摂津国島下郡《せっつのくにしましも》（現大阪府、史料・図では「嶋下」）味舌《ました》地域に二千石を領有していた。一六〇〇年（慶長五）の関ヶ原の役後、本領安堵のうえ、さらに大和国内にも領地が加増され都合三万石となった（図1参照）。一六一五年（元和元）八月、大坂夏の陣直後に長益は四男長政《ながまさ》に大和国内山辺《やまべ》・式《しき》上《じょう》二郡（現奈良県）と摂津国島下郡内の都合一万石、また、五男尚長《なおなが》に大和国山辺・式上二郡において一万石、をそれぞれ分与した。領地構成についてはあとで詳述する。

長政は大和国式上郡戒重《かいじゅう》村に、尚長は大和国式上郡柳本《やなぎもと》村に、それぞれ陣屋を置いて領域を形成したので、前者は戒重藩、後者は柳本藩として成立した。

戒重藩では、長清《ながきよ》の代になって、陣屋を戒重村から岩田村へ移す計画が持ち上がったが、それは財政事情もあって実現しなかったとされている。そのあと、輔宜《すけよし》の代となった一七四五年（延享二）、ようやくそれが実現することになった。陣屋の移転にともなって、村名を岩田村から芝村に変更していたので、以後、藩の名称を芝村藩とした。また、輔宜の代であった一七三七年（元文二）以降、大和国の幕府領九万三四〇〇石余りを預かるようになった。幕府領の預かり地において年貢を徴収したが、一七五三年（宝暦三）、村々から京都奉行への年貢減免の要求に対して断罪措置をとるという芝村騒動が発生した。この芝村騒動の一件で、幕府へ預領を返納することになった。芝村藩は幕末までつづき明治をむかえて廃藩となった。

柳本藩では、秀親《ひでちか》が藩主であった一七〇九年（宝永六）、五代将軍綱吉の葬儀の時、寛永寺の宿坊において大聖寺新田藩《だいしょうじしんでん》主前田利昌によって殺害されたことにより、存続の危機となった。藩では藩士の病死として弟成純《なりとし》を末期養子にして存続が認められた。信陽《のぶあき》が藩主の一八五二年（嘉永五）、城主格に列せられた。一八七一年（明治四）に廃藩置県をむかえた。

## 寛文朱印状にみる所領

ここでは一六六四年（寛文四）に幕府によって発給された寛文朱印状によって、織田氏諸藩の領地を具体的にみてみたい。

大和松山藩（このときの藩主は長頼）は、大和国宇陀郡内八十八か村都合二万八二三五石八斗四升三合、上野小幡藩（このときの藩主は信久《のぶひさ》）は、甘楽郡三十六か村内一万七九九五石四斗二升、多古郡内一か村一四二四石五斗八升、碓氷郡内一か村五八〇石、都合二万石となっている（史料1、史料2）。

戒重藩と柳本藩の所領についてみてみよう（史料3、史料4）。戒重藩（このときの藩主は長定《ながさだ》）は、城上（式上）郡内十二か村四一九七石四斗五升三合、山辺郡内九か村三六五四石四斗九升、ほかに摂津国島

大和国宇陀郡八拾八箇村都合弐万八千弐百石目録在別紙事、充
行之訖、全可領知之状如件

宇田侍従とのへ

目録
大和国
宇陀郡之内　八拾八箇村

宮奥村　関戸村　大蔵村　黒木村
拾村　中庄村　本郷村　追間村
西山村　嬉河原村　芝生村　祭柿村
麻生田村　下竹村　岩室村　小付村
内原村　野寄村　今井村　平尾村
五津村　雨師村　篠野村　春日村
調子村　藤井村　塚脇村　母里村
大貝村　山路村　石田村　栗谷村
比布村　高塚村　福西村　池上村
足立村　井足村　萩原村内　上檜牧村
下檜牧村　荷坂村　山辺村内　岩清水村
才辻村　守道村　山口村　白島居村
上品村　下品村　和田村　稲戸村
小和田村　駒帰村　佐倉村　宇加子村
古市場村　松井村　東郷村　上芳野村
下芳野村　入谷村　大神村　大沢村
別所村　三宮寺村　見田村　平井村
沢村　八滝村　内牧村　諸木野村
赤埴村　室生村　田口村　山輔(和)村
掛村　長野村　小長尾村　塩井村
今井村　葛村　伊賀見村　太良次村
神末村　曽野村　土屋原村　桃俣村

都合弐万八千弐百三拾五石八斗四升三合
右今度被差上郡村之帳面相改、及　上聞所被成下　御判
也、此儀両人奉行依被　仰付執達如件

寛文四年四月五日

永井　伊賀守
小笠原山城守

織田山城守殿

史料１　織田長頼宛領知判物・目録（大和松山）

上野国甘楽郡之内三拾六箇村壱万七千九百九拾五石四斗
余、多胡郡長根村千四百弐拾四石五斗余、碓氷郡鍛崎村
五百八拾石、都合弐万石目録在別紙事、如前々充行之訖、全可
令領知者也、仍如件

寛文四年四月五日御朱印

織田内記とのへ

　　　久保金左衛門

目録
上野国
甘楽郡之内　三拾六箇村

小幡村　金井村　天引村　白倉村
福嶋村　星田村　田篠村　轟村
国峯村　善慶寺村　後ケ村　大嶋村
高瀬村　田嶋村　黒川村　下高田村
友京分村　八木連村　十二村　中里村
古舘村　行沢村　大牛村　八城村
務村　諸戸村　菅原村　上小坂村
中小坂村　下小坂村　中沢村　蚊沼村
原村　下丹生村　上丹生村　宇田村

高壱万七千九百九拾五石四斗弐升
多胡郡之内　長根村
高千四百弐拾四石五斗八升
碓氷郡之内　鍛崎村
高五百八拾石
都合弐万石
右今度被差上郡村之帳面相改、及　上聞所被成下　御朱
印也、此儀両人奉行依被　仰付執達如件

寛文四年四月五日

永井　伊賀守
　尚庸
小笠原山城守
　長頼

織田内記殿

史料２　織田信久宛領知朱印状・目録（上野小幡）

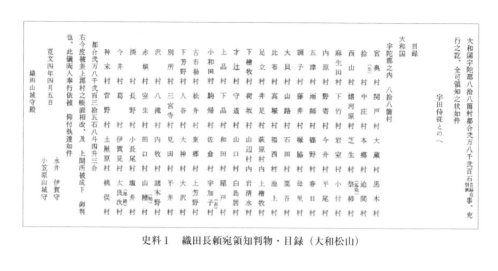

大和国城上郡之内拾弐箇村四千百九拾七石四斗余、山辺
郡之内九箇村三千六百五拾四石四斗余、摂津国嶋下郡太
田領之内五箇村弐千百四拾八石余、都合壱万石目録在事、
任寛永二年七月廿七日先判之旨、充行之訖、全可領知者
也、仍如件

寛文四年四月五日御朱印

織田豊前守とのへ

筆者
杉浦伊右衛門

目録

大和国
（式上）
城上郡之内　拾弐箇村

戒重村　大西村　江包村　岩田村
箸中村　穴師村　備後村　角柄村
柳村　中谷村　和田村　小夫村
高四千百九拾七石四斗五升三合

山辺郡之内　九箇村
（勾）
勾田村　山口村　内馬場村　園原村
兵庫村　新泉村　岸田村　乙木村
藤井村
高三千六百五拾四石四斗九升

摂津国
嶋下郡太田領之内　五箇村
上［穂積上村］村　坪井村　庄屋村　下［穂積下村］村
正音寺村
高弐千百四拾八石五升七合

都合壱万石

右今度被差上郡村之帳面相改、及　上聞所被成下　御朱
印也、此儀両人奉行依被　仰付執達如件

寛文四年四月五日

永井　伊賀守
小笠原山城守

織田豊前守殿

史料3　織田長定宛領知朱印状・目録（大和戒重）

大和国城上郡之内拾八箇村八千三百五拾五石五斗余、山
辺郡内五箇村千六百四拾四石四斗余、都合壱万石目録在事、
如前々充行之訖、全可領知者也、仍如件

寛文四年四月五日御朱印

織田信濃守とのへ

筆者
渡部七郎兵衛

目録

大和国
（式上）
城上郡之内　拾八箇村

柳本村　備後村　東田村　茅原村
豊前村　大西村　大泉村　上座村
赤尾村　白河村　中白木村　北白木村
芹井村　滝蔵（倉）村　笠間村　安田村
（平尾新）
宮奥村　笠村
高八千三百五拾五石五斗壱升七合

山辺郡之内　五箇村
修理枝村　三（昧）味田村　佐保庄村　成願寺村
中山村
高千六百四拾四石四斗八升三合

都合壱万石

右今度被差上郡村之帳面相改、及　上聞所被成下　御朱
印也、此儀両人奉行依被　仰付執達如件

寛文四年四月五日

永井　伊賀守
小笠原山城守

織田信濃守殿

史料4　織田秀一宛領知朱印状・目録（大和柳本）

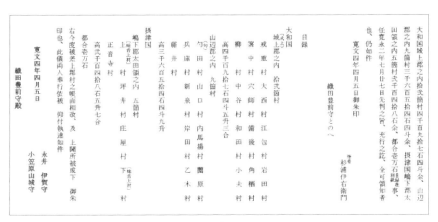

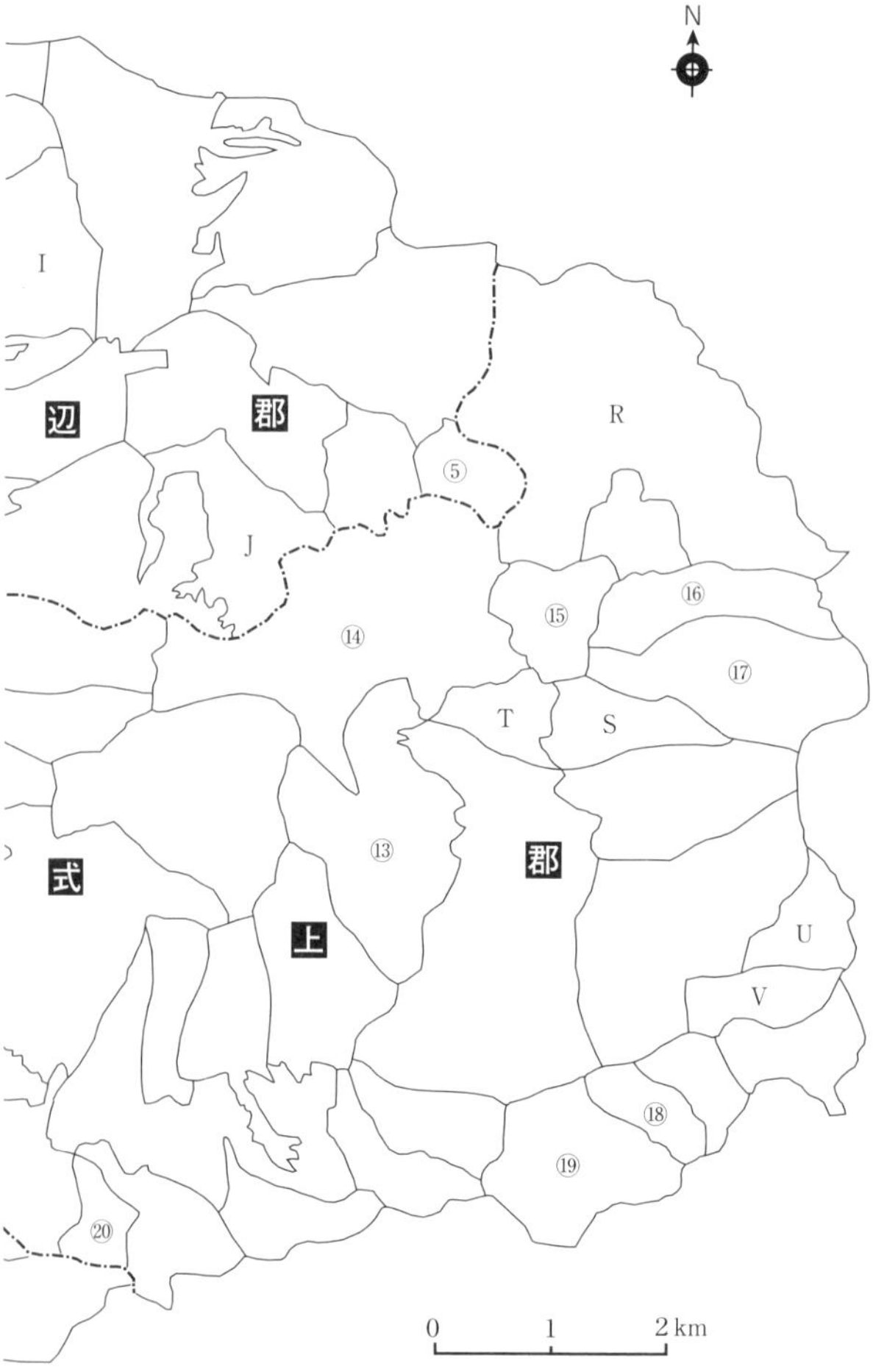


○は元和元（1615）年
●は寛文4（1664）年

| | | |
|---|---|---|
| ＜山辺郡＞ | | |
| ①三昧田村 | ○ | ● |
| ②佐保庄村 | ○ | ● |
| ③萱生村 | ○ | |
| ④中山村 | ○ | ● |
| ⑤修理枝村 | ○ | ● |
| ＜式上郡＞ | | |
| ⑥柳本村 | ○ | ● |
| 長岡村 | ○ | |
| 別所村 | ○ | |
| ⑦東田村 | ○ | ● |
| ⑧豊前村 | ○ | ● |
| ⑨大西村 | ○ | ● |
| ⑩大泉村 | ○ | ● |
| ⑪備後村 | ○ | ● |
| ⑫茅原村 | ○ | ● |
| ⑬白河村 | ○ | ● |
| ⑭笠村 | ○ | ● |
| ⑮瀧倉村 | ○ | ● |
| ⑯芹井村 | ○ | ● |
| ⑰北白木村 | ○ | ● |
| 中白木村 | ○ | ● |
| ⑱安田村 | ○ | ● |
| ⑲笠間村 | ○ | ● |
| ⑳赤尾村 | ○ | ● |
| ㉑上之庄村 | ○ | |

※図の範囲外

| | | |
|---|---|---|
| 宮奥村 | ○ | ● |
| （元禄12年から宇陀郡に編入） | | |
| ㉓成願寺村 | | ● |

【大和国】

▲3　柳本陣屋

**＜柳本藩領＞**

の領地ならびに陣屋の位置

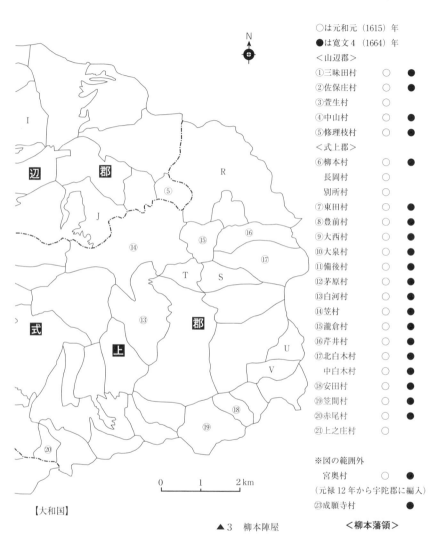

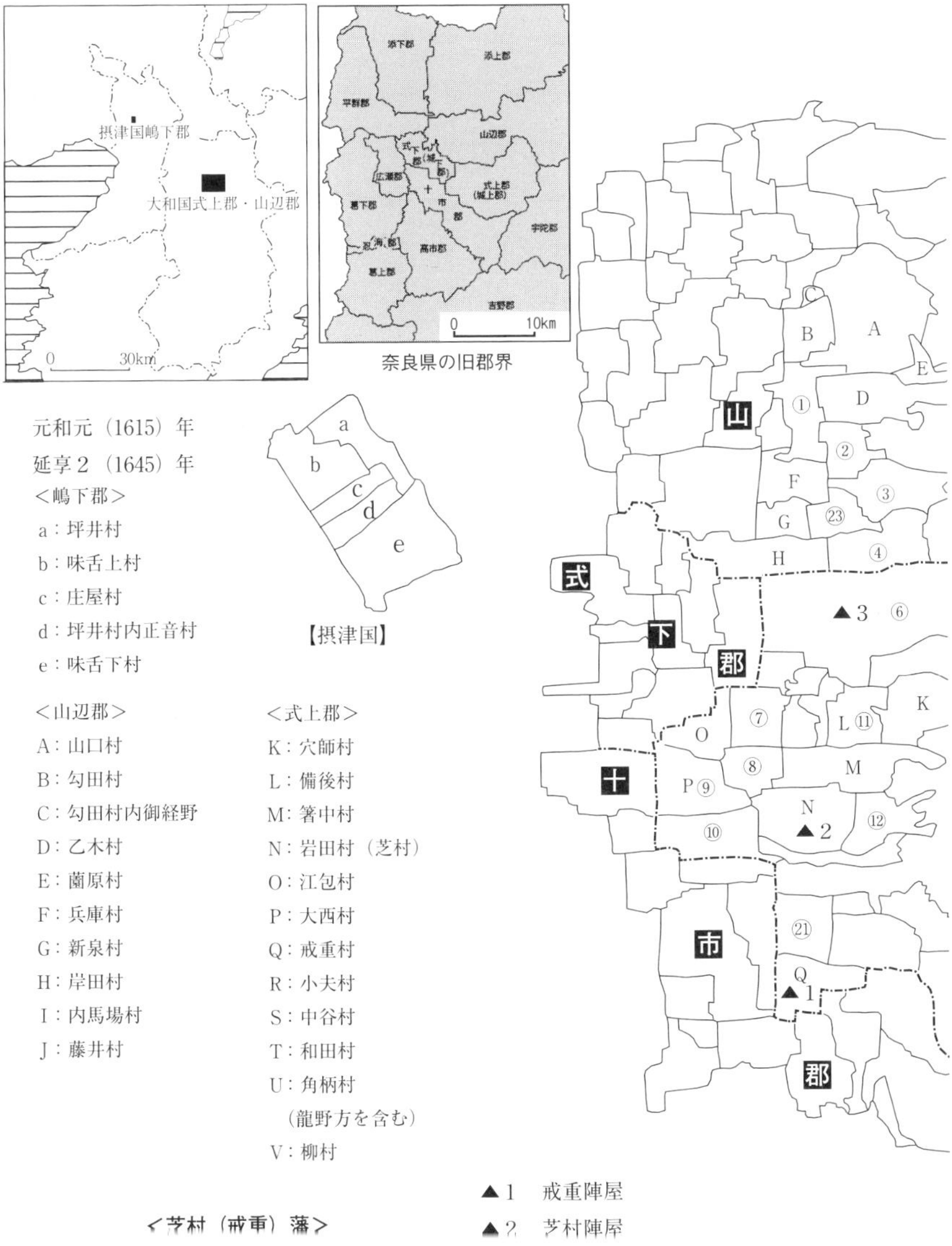
摂津国嶋下郡
大和国式上郡・山辺郡
0　30km
添下郡
添上郡
平群郡
山辺郡
式下郡
城下郡
広瀬郡
式上郡（城上郡）
葛下郡
十市郡
宇陀郡
忍海郡
高市郡
葛上郡
吉野郡
0　10km
奈良県の旧郡界
元和元（1615）年
延享2（1645）年
＜嶋下郡＞
a：坪井村
b：味舌上村
c：庄屋村
d：坪井村内正音村
e：味舌下村
【摂津国】
＜山辺郡＞
A：山口村
B：勾田村
C：勾田村内御経野
D：乙木村
E：薗原村
F：兵庫村
G：新泉村
H：岸田村
I：内馬場村
J：藤井村
＜式上郡＞
K：穴師村
L：備後村
M：箸中村
N：岩田村（芝村）
O：江包村
P：大西村
Q：戒重村
R：小夫村
S：中谷村
T：和田村
U：角柄村
（龍野方を含む）
V：柳村
山
式
下
郡
十
市
郡
▲1　戒重陣屋
▲2　芝村陣屋
＜芝村（戒重）藩＞

図2　芝村藩織田氏と柳本藩織田氏

下郡太田領之内五か村二一四八石五升七合、都合一万石であった。一方、柳本藩（このときの藩主は秀一《ひでかず》）は、城上（式上）郡内十八か村八三五五石五斗一升七合、山辺郡内五か村一六四四石四斗八升三合、都合一万石であった。両藩とも領地は式上郡と山辺郡において幕府から所領が与えられている。そこで、この二つの藩の領地を地図化してみると図2のようになる。両藩の領地は二郡のなかで錯綜していることがよくわかる。また、両藩が一つの村を分割して領する相給《あいきゅう》もみられる。これらはもとはといえば長益の領地であった地域である。

## 三　織田氏の陣屋

織田信雄《のぶかつ》が大和松山城（織田氏は松山入封後、既存の城を使用していない）を中心とする領地を幕府から与えられたが、それ以外の大名織田氏は幕府によって領地が認められて新たに独立した領域をもつことになった。幕府によってすでに新規築城の認められない時代に入っていたので、それぞれの領域では城に代わる建物が必要であった。そこで陣屋が構築されていった。以下、各々の織田氏が構築した陣屋についてみてみたい。

### 小幡陣屋――織田信昌

当初、上野国で立藩した織田氏（信良《のぶよし》）は福島に居所を置いていた。その子信昌《のぶまさ》は一六二九年（寛永六）に陣屋移転を計画して小幡《おばた》村で陣屋の構築を進めた。その完成は一六四二年（寛永十九）であった。

選定された場所は北流する雄川《おがわ》東岸の河岸段丘上であった（図3）。陣屋は二つの曲輪《くるわ》からなり、内側の曲輪には御殿、外側の曲輪にはその付属施設が配置されていた（図4）。そのあいだは土塁によって仕切られていたほか、さらに外側の曲輪と隣接する武家地とのあいだには土塁、石積みや高塀があった。小幡の場合、御殿とその付属施設が並ぶ敷地を陣屋とみなしていたと考えられる。御殿のある内側の曲輪に南接して楽山《らくさん》園という池泉《ちせん》回遊式の庭園があり、現在では国の史跡に指定されている。この庭園は織田信雄によって造られたと伝えられているが定かではない。もしこれが裏づけられるのであれば御殿を含む陣屋が構築される前に庭園が造られていたことになる。

陣屋の周囲に配置された武家地の周囲は石塁や土塁で囲まれていた。陣屋と隣接する武家地の規模は東

図3　地形図にみる小幡陣屋跡

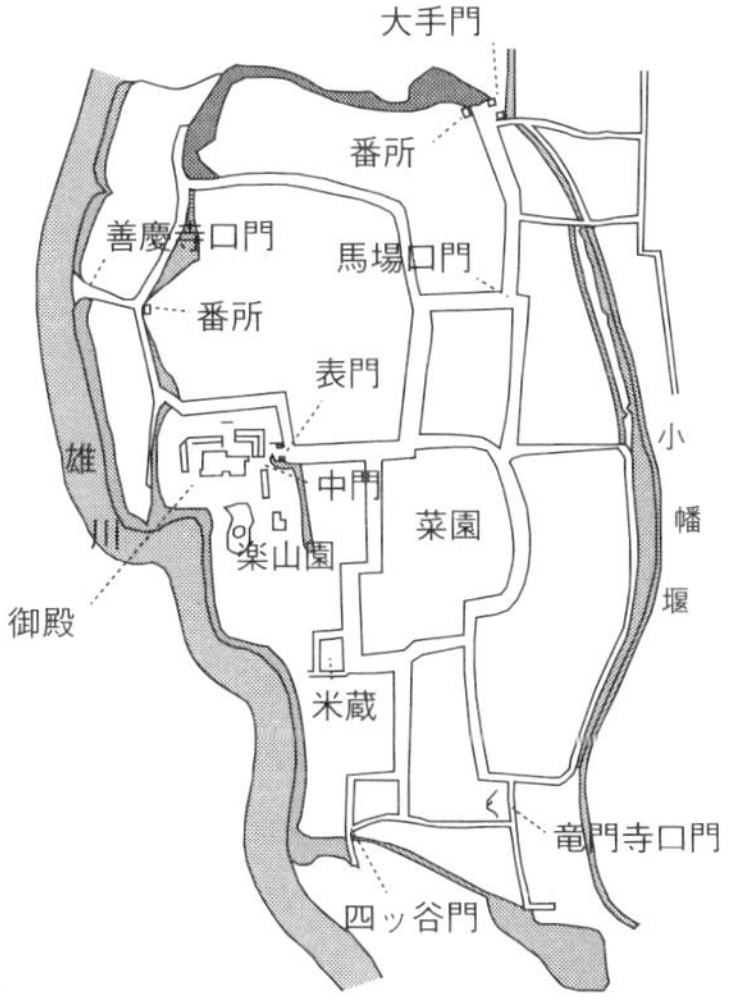


図4　小幡陣屋絵図にみる陣屋の構造

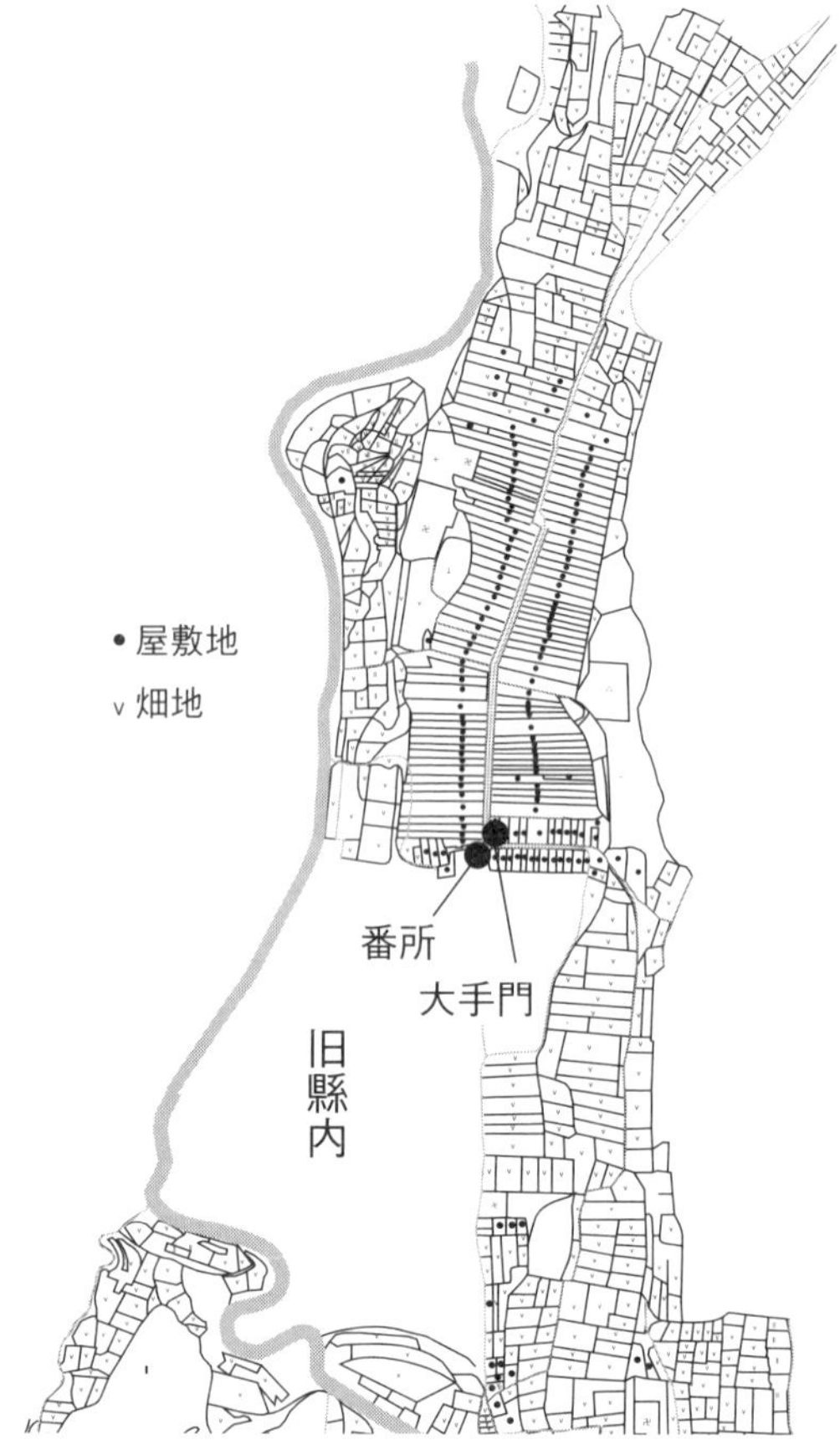


図5　明治初期の小幡村の地割

西三三〇間、南北四二〇間、総面積一〇万一〇〇〇坪余であった。陣屋としては比較的規模が大きいが、そのなかには楽山園が含まれている。

明治期の壬申《じんしん》地券地引絵図によると、この部分は「旧懸内」と記されている（図5）。小幡では御殿に付帯する武家屋敷地区が一体となっていたようにみえる。御殿を指す部分が陣屋なのか、武家屋敷地区を含めた部分が陣屋なのか、その解釈はむずかしいところであるが、陣屋絵図に描かれる範囲は後者の場合が多い。

武家屋敷地区の北には大手門があり、この大手門前から陣屋にいたるまでは大手道や中小路といった幅七間程度の道路が鈎《かぎ》の手に貫き、その両側に武家屋敷が配置されていた。現在、陣屋と武家屋敷地部分は景観が整備されて、かつての陣屋の雰囲気をある程度イメージできるものになっている。

大手門跡には礎石が残されており郭内を出た北方と東方には街村《がいそん》状の集落が形成されていた。これが町屋にあたる部分で、間口に対して奥行きの長い短冊《たんざく》型の屋敷が並んでいた（図5参照）。町屋敷地区は大手門から北にむけて上町、中町、下町、また、東に向けて横町となっている。北向きの道路に沿って流れる雄川堰《ぜき》並びに桜木は家並みと調和して町屋の雰囲気を醸し出している。

小幡の場合、御殿と付属施設を含む陣屋、武家屋敷地、町屋が一帯となった陣屋町を呈していたといえよう。

## 高畠陣屋

上野国から出羽国へと国替えとなった織田氏はあらたに高畠《たかはた》（現山形県東置賜郡高畠町）に陣屋を構築した。その場所は、かつての高畠城跡、米沢藩の代官所跡を利用したとされている。現存の米沢藩時代とされる絵図をみながら現地で確認すると堀の一部ならびに道路の一部を確認することができる（図6、写真1）。陣屋があったとされる場所

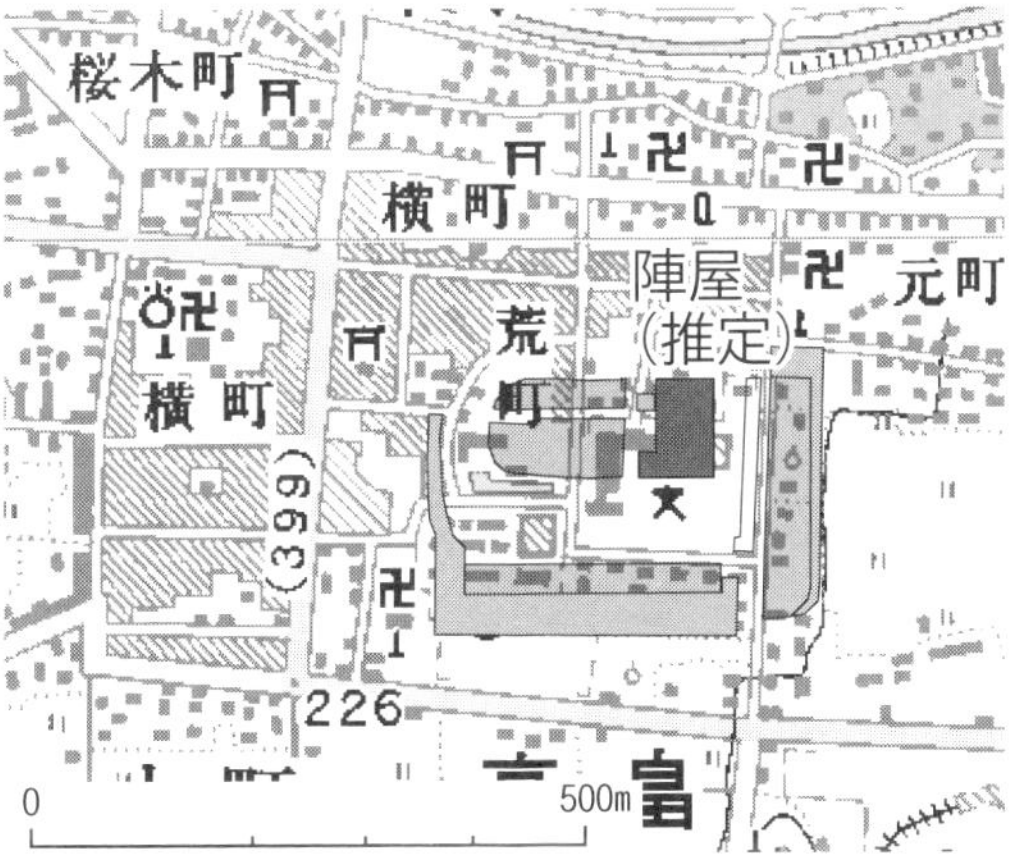

図6　地形図にみる高畠陣屋跡

写真1　高畠城濠跡

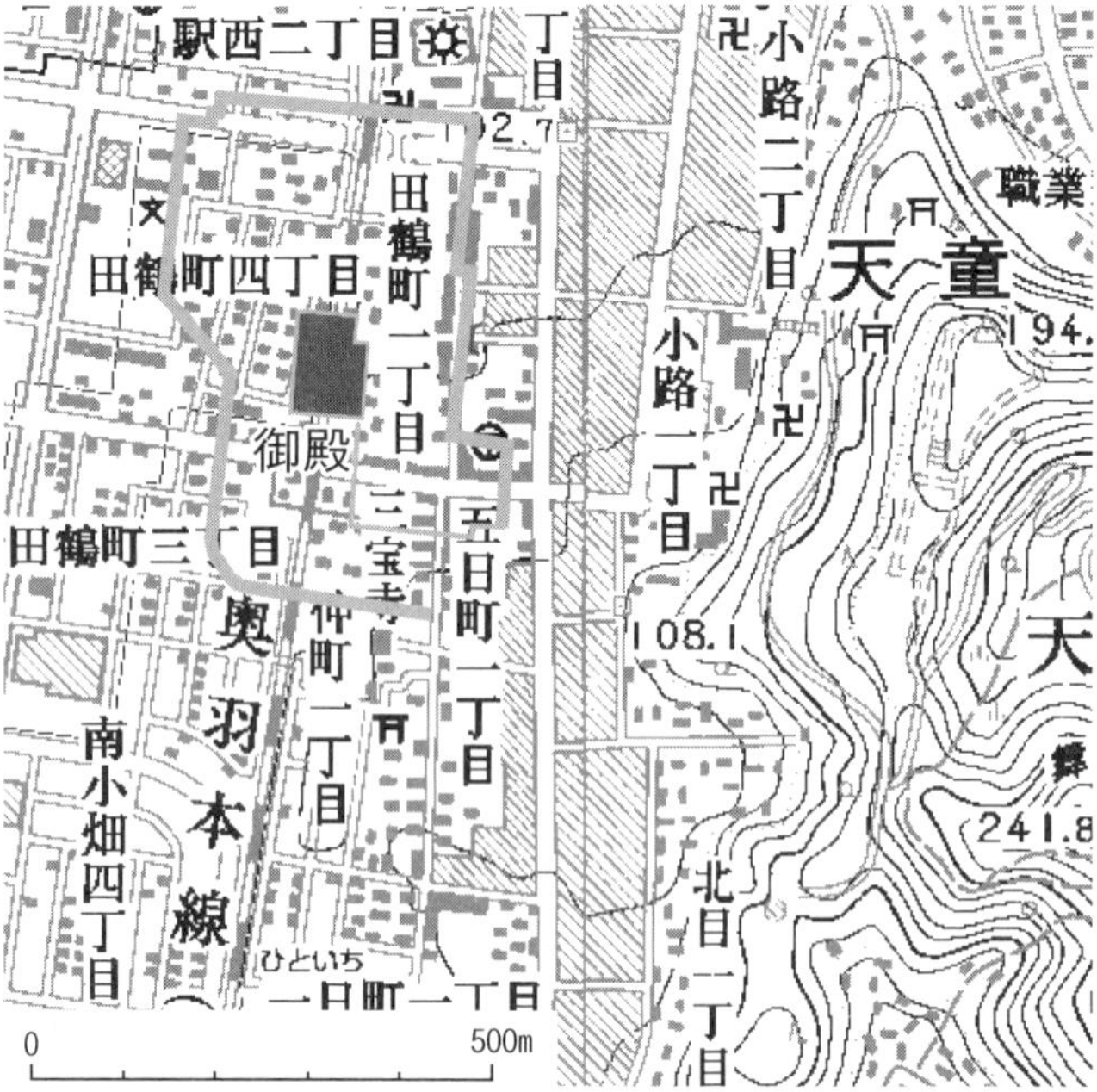

図7　地形図にみる天童陣屋跡

は、現在高畠小学校の敷地となっている。ただし、織田氏高畠藩の陣屋に関する史料が乏しく詳《つまび》らかでない。

### 天童陣屋——織田信美

領地替えに伴って高畠陣屋から移転した天《てん》童《どう》陣屋は、江戸時代の後期における陣屋の形式のひとつを示した例といえよう。一八〇〇年（寛政十二）十二月、領地の大部分が村山郡内に替地とされたことを機に、陣屋の移転計画が持ち上がり、一八二八年（文政十一）に幕府の許可を得て陣屋を天童に移転させることになった。一八三〇年（天保元）には陣屋が完成して、翌年藩主信美が入った。

天童の陣屋の場所は、羽州街道に沿った宿場的な街村状集落の西側に隣接するように配置された（図7）。その敷地は南北七十五間、東西五十間の大きさであった。

方形の内側の曲輪には御殿のほか諸施設が置かれ周囲は堀で囲まれていた。外側の曲輪には、御役所、家中屋敷、藩校養正館《ようせいかん》、御作事《おさくじ》小屋、馬屋、土蔵、複数の長屋が配置されていた。

天童陣屋は信雄系が構築した最後の陣屋であったことに注目したい。小幡、高畠では、かつての城跡を利用していたが、天童の場合、初期の計画段階から御殿、武家地を土地の起伏や敷地、既存の堀などの制約を受けることなく配置できた事例であり、江戸時代後期の陣屋の理想型なのかもしれない。しかしながら、町屋と位置づけられる集落が先行して存立しており、町屋先行型の陣屋町といえるであろう。

## 柏原陣屋――織田信休

柏原《かいばら》陣屋は、大和松山から国替えとなった信休《のぶやす》が一七一四年（正徳《しょうとく》四）に構築したものである。その規模は南北一六〇メートル、東西一三〇メートルの方形型の敷地に、表御殿・中御殿・奥御殿からなる建物のほか、御用所、藩校崇広館《そうこうかん》、厩《うまや》、土蔵、作事所が配置されていた。さらには、馬場や調練場も備えていた。その周囲は石塁と高塀が巡らされていた。隣接する土地との起伏はわずかであった。

一八一八年（文政元）に御殿が焼失して、その二年度に再建された御殿が現在のものである。現存する部分は全体の五分の一となっているが、陣屋建築物としては貴重な建物である。陣屋跡は国の史跡となっている。陣屋の入口部分に建つ長屋門は一七一四年（正徳四）の表御門であり、創建当初から残される建物である。武家地はこの陣屋の西側に配置され、さらに町屋が接続していた。武家地と町屋との境界部分に大手門が置かれていた。

大和松山では、前領主の秋山城を廃して、その城下であった町屋部分を取り囲むように武家地と御殿を配置していたために特殊な城下町構造を呈していた。丹波柏原に入封してきた織田家は、陣屋を郭《くるわ》としながら主要道路を軸として武家屋敷と町屋を順に配置することによって社会的ヒエラルキーを都市計画に盛り込んでいた。このことは、江戸時代初期に各地で造られた城下町を意識していたようにも思われ、柏原では大和松山でなし得なかった城と城下の関係を陣屋・武家屋敷地・町屋敷地として展開させたと考えられる。

## 戒重陣屋と芝村陣屋

戒重《かいじゅう》陣屋は一六一八年（元和《げんな》四）八月に戒重村内に構築がはじまり翌年には完成したといわれている。その場所は、旧戒重城跡であり、その南側には東西に伊勢街道（旧横大路）が通り、道路交通上にも条件が良かったものと考えられる。その一方、戒重藩領の南端にあたり、領地支配上、便が悪かったことも考えられる。

一七〇四年（宝永元）、藩は戒重村から岩田村に屋敷替を願い出た。これによると、屋敷替の理由がよくわかる。戒重陣屋の位置は、領域の中心から離れていて毎年の年貢収納が不便である、岩田村であれば、それが解消すると主張している。翌一七〇五年（宝永二）幕府から許可が出て移転のための縄張りがはじめられ、一七〇六年（宝永三）に完了した。このときは藩財政が逼迫《ひっぱく》していたためになかなか実現にいたらなかった。なお、一七一三年（正徳十三）に村名を岩田村から芝村へ改めている。

一七四二年（寛保二）、あらためて幕府に作事の許可を願い出て認められ、陣屋構築にとりかかった。翌一七四三年（寛保三）九月に御殿が完成した。一七四四年（延享《えんきょう》元）四月に御門開が行われ翌一七四五年（延享二）に移転が完了した。

移転した芝村《しばむら》陣屋は、現在織田小学校の敷地となっているが、石塁が残されている。また、明治期の地籍図によると小字名に臺（堂？）之内と記され、その範囲が陣屋の敷地と一致する（図8）。

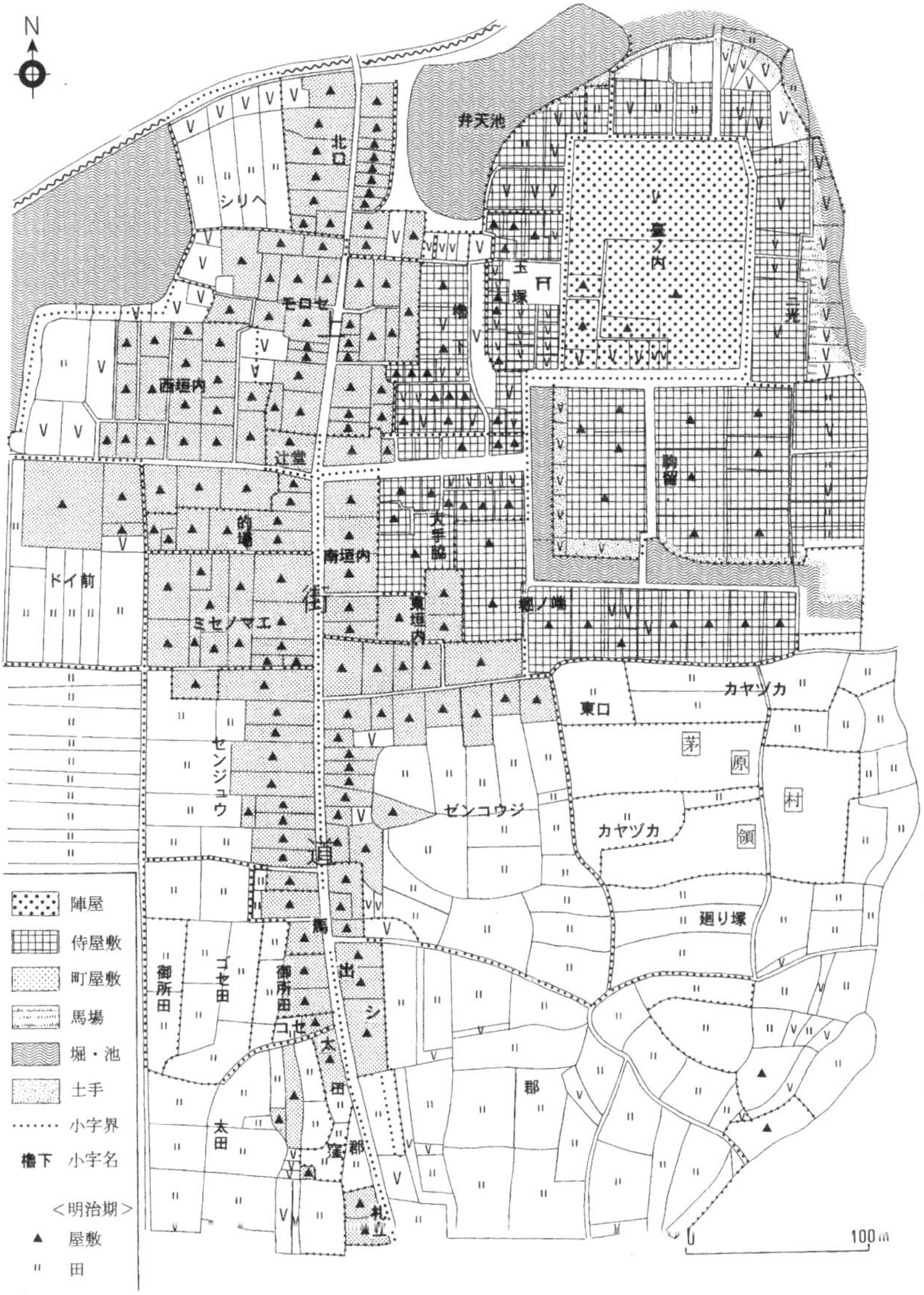


図8　芝村陣屋と陣屋町の復原図

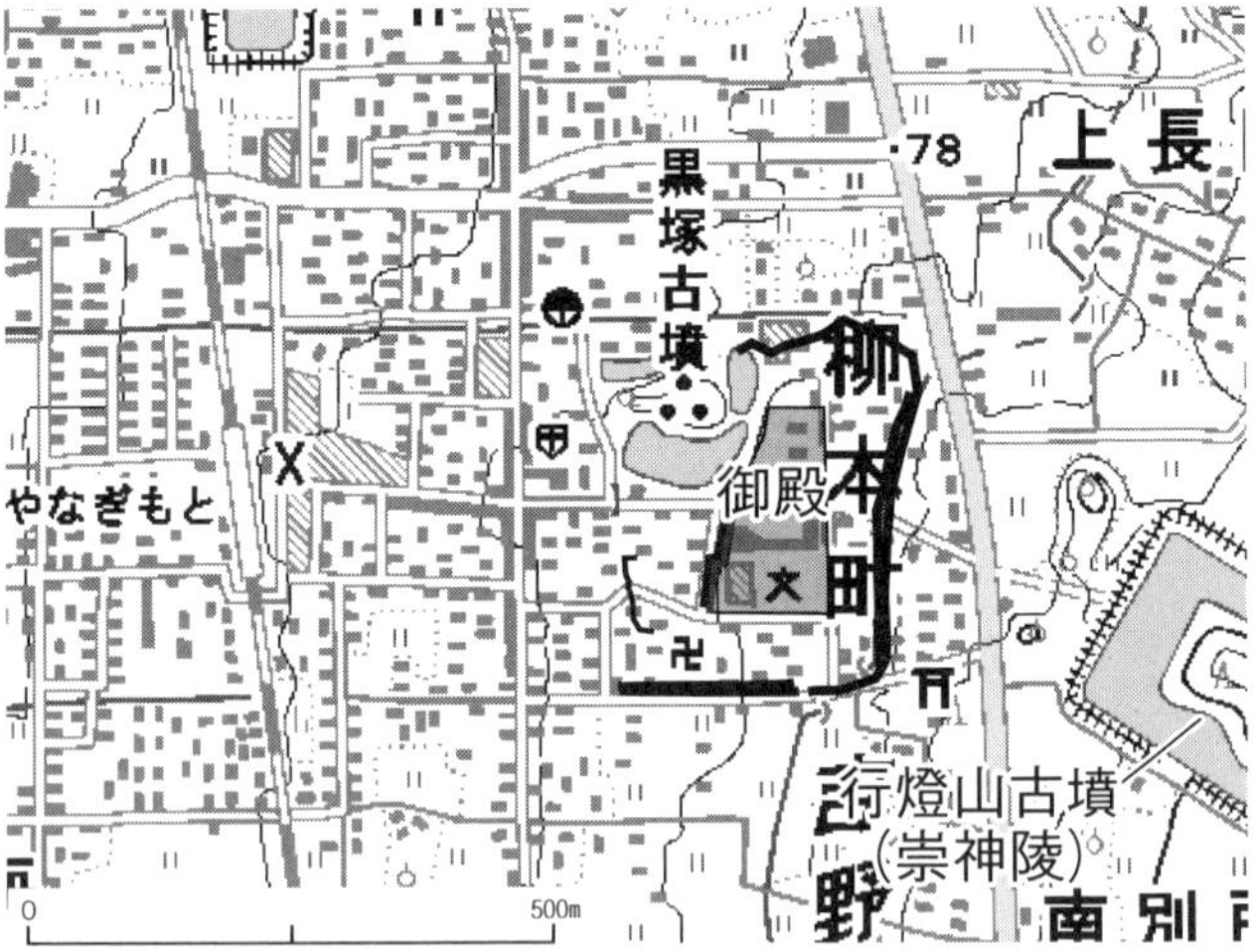

図9　地形図にみる柳本本陣跡

芝村の西側には上街道が通っておりその東側に御殿を含んだ陣屋と武家屋敷が配置された。なかでも陣屋は全体の北東に位置しており、陣屋、武家屋敷、上街道に面する町屋が芝村内に計画的に配置されていた。これも、柏原と同様、前陣屋でなし得なかった部分を実現させたといえよう。また、後述する柳本陣屋を意識した陣屋プランであったように思われる。

## 柳本陣屋

柳本藩主初代の尚長《なおなが》は、当初、式上郡大泉村に居住していて、陣屋を寛永年間（一六二四〜一六四四）に構築したとされている。尚長以降、代々藩主は明治の廃藩置県まで陣屋を移転することはなかった。柳本陣屋の敷地は現在柳本小学校、柳本公園、柳本公民館（現、天理市柳本町）の敷地となっている（図9）。

柳本陣屋の敷地は南北二八一メートル、東西二八六メートルで、北西側にある黒塚古墳の周濠《しゅうごう》をうまく利用していた。一八三〇年（文政十三）に御殿が全焼し、一八三六年（天保七）に陣屋再建に着手し一八四四年（天保十五）に完成した。なお、現在、表向御殿は重要文化財に指定され、橿原《かしはら》神宮文華殿として移築されていて、貴重な陣屋建築の建物である（口絵写真7）。陣屋部分北から西側にかけて武家屋敷が配置されており、武家屋敷西側には大手門があった。さらにその西側には南北に上街道が通り町屋に当たる集落が形成されていた。

## 四　織田氏の陣屋プラン

織田氏が構築した陣屋を時系列に整理すると図10のようになる。時系列に並べてみるとその変化を知ることができる。

江戸時代初期に構築された陣屋は松山、戒重、柳本である。それぞれの陣屋とそれぞれに付帯する武家屋敷地の整備については、城跡を利用して整備が進められた。陣屋の立地条件は、幕府から与えられた領地のなかで城郭に類似するものとして適した場所、さらには街道のような主要道路が付近にあることなどが条件であったと想定できる。そのプランは、御殿と付属施設を含んだ陣屋を核として武家屋敷を連帯的に配置したうえで、さらに街道に面する街村状集落に連接するようになっている。柳本陣屋は当初から陣屋・武家屋敷地・町屋敷地をうまく配置することができたこと、領域全体のなかでの中心地として支障もなく、また領地替えもなかったことから、一度も移転することなく存続した。このことから、柳本陣屋と陣屋町の場合、そのプランが城郭・城下町プランを理想としながらそれになぞらえることができたのではないかと思われる。大和松山藩織田氏は、丹波国へ事実上の国替えによって新たに拠点を柏原に据えて陣屋・武家屋敷地・町屋敷地の区分をもったプランを具現化することができた。戒重藩織田氏は、領地にお

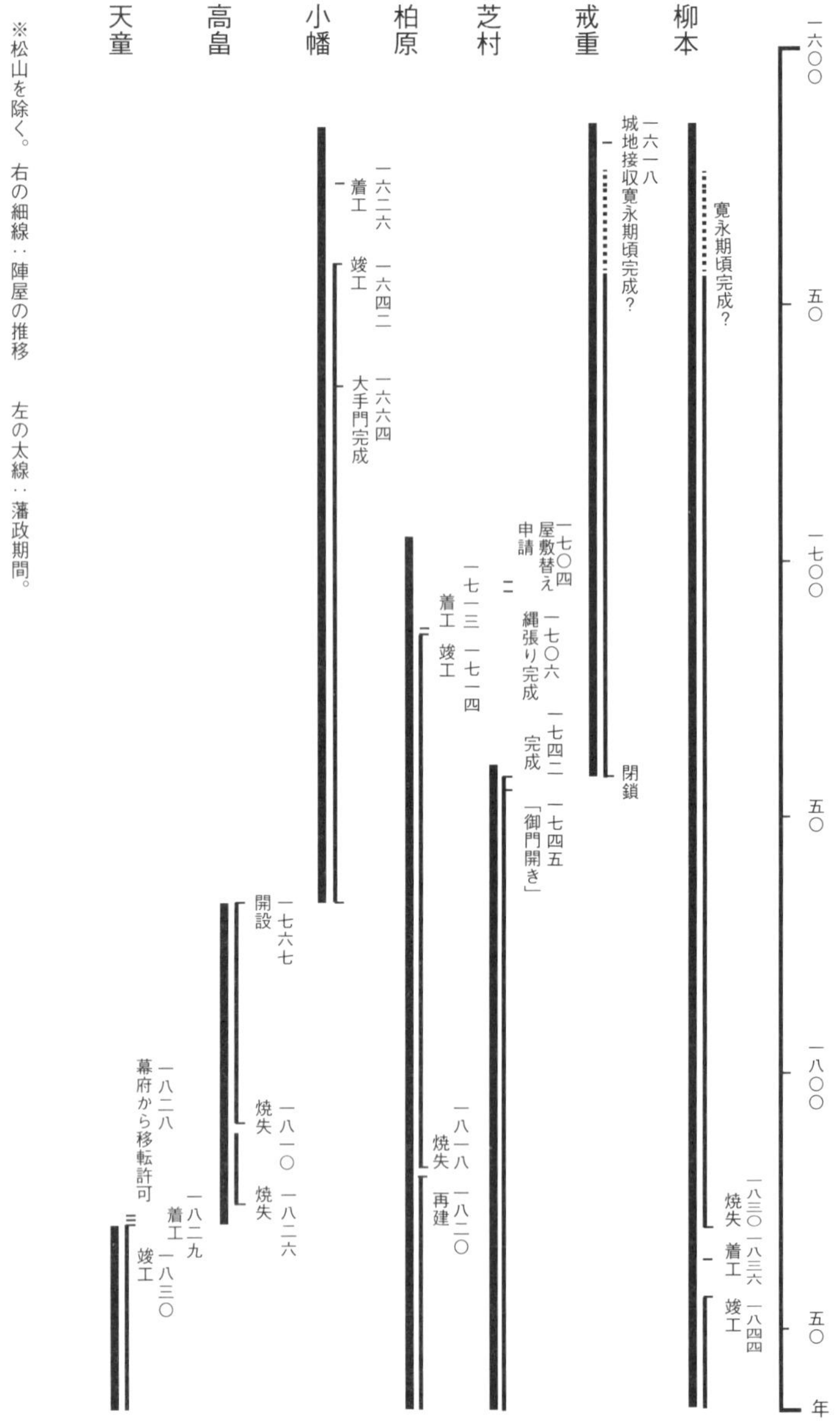


図10　織田諸藩の陣屋の推移

ける陣屋の位置の問題から陣屋を移転させることで、芝村陣屋においてそのプランを具現化したようにみえる。それは、柳本陣屋と酷似していることに注目したい。

小幡藩織田氏は、数度の領地替えが結果として新たな陣屋構築のプランを生み出すことになったようである。小幡藩織田氏は小幡氏の城跡に陣屋を構築した。上野国から出羽国（一部は陸奥国）の領地替えとなった織田氏は、高畠に陣屋を構築した。しかし、高畠城跡、米沢藩時代の代官所（陣屋）を利用したもので織田氏独自の新規のプランをみることはできない。江戸時代後期になって高畠から天童に移転することによって、新たなプランを具現化させた。それは全体が方形をしており、御殿および侍屋敷地を内と外の曲輪に分けて配置して全体を堀で囲むという形態である。そして、それらを羽州街道に沿って成立していた街村状集落に接続させた。これまで諸々の織田氏が構築してきた陣屋とは異なっていた。これは江戸時代後期にみられる陣屋のプランなのか、今後検討の余地がある。

陣屋の範囲を御殿と付属施設に限定するのか、それとも、武家屋敷地を含んだ範囲とするのか、まだまだ議論の余地があろう。織田氏の陣屋をみてみると、少なくとも、陣屋移転に伴い、御殿ならびに付属施設と武家屋敷地を同時に計画的に配置することとともに、それら町の部分を取り込んで町屋敷地として一体化させていった傾向を読み取ることができる。

〔参考・引用文献〕

阿部安佐『天童織田藩史餘話』豊文社、一九八七年
群馬県史編さん委員会『群馬県史　通史編4　近世1』群馬県、一九九〇年
桜井市史編纂委員会『桜井市史　上巻』桜井市、一九七九年

桜井市史編纂委員会『桜井市史　史料編　上巻』桜井市、一九八一年
天童市編さん委員会『天童市史編纂資料（天童織田藩政資料）』第27号、一九八二年
天理市史編さん委員会『天理市史　上巻』天理市、一九七六年
土平博「大和国芝村藩の藩領と陣屋形態」奈良大学総合研究所所報第10号、二〇〇二年
二木謙一監修・工藤寛正編『藩と城下町の事典』東京堂出版、二〇〇四年
西ヶ谷恭弘『国別　城郭・陣屋・要害・台場事典』東京堂出版、二〇〇二年

史料２　織田信久宛領知朱印状・目録（上野小幡）〔国立史料館編『寛文朱印留・上』1980年から引用〕
史料３　織田長定宛領知朱印状・目録（大和戒重）〔国立史料館編『寛文朱印留・上』1980年から引用〕
史料４　織田秀一宛領知朱印状・目録（大和柳本）〔国立史料館編『寛文朱印留・上』1980年から引用〕
図２　芝村藩織田氏と柳本藩織田氏の領地ならびに陣屋の位置〔土平博「大和国芝村藩の藩領と陣屋形態」奈良大学総合研究所所報第10号、2002年を加筆〕
図３　地形図にみる小幡陣屋跡〔国土地理院数値地図１／25000を基図として土平博が加筆〕
図４　小幡陣屋絵図にみる陣屋の構造〔群馬県史編さん委員会編『群馬県史　通史編4　近世1』群馬県、1990年所収の図を土平博がトレースのうえで加筆〕
図５　明治初期の小幡村の地割〔「壬申地券地引絵図小幡村」(群馬県立文書館所蔵)を土平博がトレースのうえ作成〕
図６　地形図にみる高畠陣屋跡〔国土地理院数値地図１／25000を基図として土平博が加筆〕
写真１　高畠城濠跡〈土平博〉
図７　地形図にみる天童陣屋跡〔国土地理院数値地図１／25000を基図として土平博が加筆〕
図８　芝村陣屋と陣屋町の復原図〔土平博「大和国芝村藩の藩領と陣屋形態」奈良大学総合研究所所報第10号、2002年を加筆〕
図９　地形図にみる柳本本陣跡〔国土地理院数値地図１／25000を基図として土平博が加筆〕
図10　織田諸藩の陣屋の推移〔土平博作図〕

＊提供者を記していない写真はナカニシヤ出版編集部撮影。

別史跡安土城跡発掘調査報告書Ⅱ』2009年より転載。一部加筆〕
写真13　安土城天主台石垣（西側「御白州」より）〈千田嘉博〉
図4　安土城天主台西側懸け造り詳細　〔千田嘉博作図〕
図5　フィリップス・ファン・ウィンゲが描いた安土城天主と懸け造りテラス

第2章
年表　近江の城と信長　〔下坂守作成〕
図1　近江の寺　〔『春季特別展　安土城への道　聖地から城郭へ』安土城考古博物館、2014年の「挿図　城郭等 位置図」に加筆〕
図2　西院の城　［米沢市上杉博物館］〈同左〉〔「洛中洛外図屛風（上杉本）」の一部を拡大〕
図3　武士（一色氏）の城館　［成相寺］〈同左〉〔「成相寺参詣曼荼羅」の一部を拡大〕
図4　佐和山城　［サントリー美術館］〈同左〉〔「多賀大社参詣曼荼羅」の一部を拡大〕
図5　坂本城縄張り図（大津市教育委員会作製図）〔「大津市埋蔵文化財調査報告書第43集　坂本城跡発掘調査報告書」平成20年発行より転載。一部加筆〕
写真1　安土山（城）と繖山　〔国土地理院のホームページの写真を元に下坂守が作成〕
図6　安土城を中心とした信長の支配図　〔下坂守作図〕

第3章
図1　戦国時代（信長上洛後）の上京・下京　〔河内将芳『信長が見た戦国京都─城塞に囲まれた異貌の都─』洋泉社歴史新書y、2010年より転載〕
写真1　「武家御城」跡（京都市上京区室町通下立売下る）〈河内将芳〉
写真2　現在の妙覚寺（京都市上京区上御霊前通新町東入）〈河内将芳〉
写真3　二条御新造跡（京都市中京区烏丸通御池上る）〈河内将芳〉
写真4　本能寺跡（京都市中京区小川通蛸薬師下る）
写真5　現在の本能寺（京都市中京区寺町通御池下る）〈河内将芳〉

第4章
図1　織田氏の系譜　〔二木謙一監修、工藤寛正編集『藩と城下町の事典』東京堂出版、2004年などから土平博が作図〕
表1　出羽高畠・天童織田氏の領地変遷　〔安部安佐『天童織田史餘話』豊文社、1987年、天童市編さん委員会編『天童市史編纂資料（天童織田藩政資料）』第27号、1982年などから土平博が作成〕
史料1　織田長頼宛領知判物・目録（大和松山）〔国立史料館編『寛文朱印留・上』1980年から引用〕

## 《写真・図版一覧》

本書への掲載にあたり、下記の方々からご配慮を賜りましたこと厚く御礼申しあげます。

この一覧は以下の順で記します（敬称略）。

　掲載箇所　写・図No.　名称　［所蔵者］〈提供者〉〔出典・参考文献等〕

カバー表　安土城黒金門跡付近　〈千田嘉博〉
表紙　旧二条城の石垣に使われた石仏（京都市洛西竹林公園）
扉　安土城跡から出土した金箔押軒丸瓦　［滋賀県教育委員会］〈同左〉

口絵
写真１　安土城の大手道　〈千田嘉博〉
写真２　安土山を望む（びわ湖よし笛ロードより）
写真３　旧二条城（信長が足利義昭のために築城）の石垣に使われた石仏の一部（京都市洛西竹林公園）
写真４　もう一つの信長墓所・阿弥陀寺（京都市上京区寺町通今出川上る鶴山町）
写真５　坂本城址碑（坂本城址公園）
写真６　坂本城跡の湖岸から安土方面を望む（同写真5。大津市阪本２丁目の西近江路）
写真７　柳本陣屋・表向御殿（現、橿原神宮文華殿）

第１章
写真１　中島郡勝幡村古城絵図　［名古屋市蓬左文庫］〈同左〉
写真２　江馬氏下館（岐阜県）の復元された会所　〈千田嘉博〉
写真３　勝幡城を貫いて開削された日光川　〈千田嘉博〉
図１　小牧山城（小牧市教育委員会測量図に加筆）〔小牧市教育委員会測量図をもとに千田嘉博作図〕
写真４　小牧山城全景（山麓にあるのは取り壊された小牧市役所旧庁舎）〈千田嘉博〉
写真５　小牧山城本丸段石垣（小牧市教育委員会による発掘）〈千田嘉博〉
写真６　小牧山城本丸西面石垣から発見された「佐久間」墨書石材　〈千田嘉博〉
写真７　岐阜城を望む　〈千田嘉博〉
写真８　岐阜城山麓館のくい違い出入口　〈千田嘉博〉
写真９　岐阜城山麓館　〈千田嘉博〉
写真10　岐阜城全景　〈千田嘉博〉
図２　安土城中心部　〔千田嘉博作図〕
写真11　整備された安土城大手道
写真12　安土城黒金門付近（典型的な外枡状の形状を示す）〈千田嘉博〉
図３　伝羽柴秀吉邸：大手道の左側（滋賀県教育委員会による）〔滋賀県教育委員会『特

## 〈著者紹介〉

〈掲載順〉

**千田《せんだ》 嘉博《よしひろ》**

考古学専攻。一九六三年、愛知県豊田市生まれ。奈良大学 学長。奈良大学文学部文化財学科卒業。大阪大学博士（文学）。専門は城郭考古学。
主な著書 『信長の城』（岩波新書、二〇一三）『戦国の城を歩く』（ちくま学芸文庫、二〇〇九）『織豊系城郭の研究』（東京大学出版会、二〇〇〇）ほか多数。

**下坂《しもさか》 守《まもる》**

日本史学専攻。一九四八年、石川県金沢市生まれ。前奈良大学教授。大谷大学大学院修士課程修了。立命館大学博士（文学）。専門は日本中世史。
主な著書 『中世寺院社会と民衆』（思文閣出版、二〇一四）『京を支配する山法師たち』（吉川弘文館、二〇一一）『描かれた日本の中世』（法蔵館、二〇〇三）ほか多数。

**河内《かわうち》 将芳《まさよし》**

日本史学専攻。一九六三年、大阪府大阪市生まれ。奈良大学教授。京都大学大学院博士課程修了。京都大学博士（人間・環境学）。専門は歴史学（文献史学）。
主な著書 『歴史の旅 戦国時代の京都を歩く』（吉川弘文館、二〇一四）『日蓮宗と戦国京都』（淡交社、二〇一三）『祇園祭の中世』（思文閣出版、二〇一二）ほか多数。

**土平《つちひら》 博《ひろし》**

地理学専攻。一九六六年、大阪府池田市生まれ。奈良大学教授。関西大学大学院博士後期課程単位取得満期退学。専門は歴史地理学。
主な著書 『ジオ・パルＮＥＯ：地理学・地域調査便利帖』（海青社、二〇一二）ほか論文多数。

奈良大ブックレット05 **城から見た信長**

二〇一五年五月二五日 初版第一刷発行

編者 学校法人 奈良大学

著者 千田嘉博／下坂 守
河内将芳／土平 博
〈掲載順〉

発行者 中西健夫

発行所 株式会社 ナカニシヤ出版
〒六〇六-八一六一 京都市左京区一乗寺木ノ本町一五番地
電話 (〇七五) 七二三-〇一一一
ファックス (〇七五) 七二三-〇〇九五
振替 〇一〇三〇-〇-一三一二八
URL http://www.nakanishiya.co.jp/
e-mail iihon-ippai@nakanishiya.co.jp

印刷・製本 共同精版印刷株式会社
装幀 河野 綾／編集 石崎雄高

ISBN978-4-7795-0957-5 C0321

# 奈良大ブックレット発刊の辞

市川　良哉

時代が大きく変わっていく。この思いを深める。少子高齢化は社会の在り方や個人の生活を変えていく。情報の技術的な進歩が人とのコミュニケーションの在り方を激変させている。人はどう生きるべきかという規範を見失ったかに見える。地震や津波などの自然災害、殊に原発事故の放射能汚染は生命を脅かしている。こうしたことの中に将来への危惧にも似た不安を覚える。

不安はより根本的な人間の気分を意味するという。こうした気分は人の内面に深く浸透していく。不安にさらされながらも、新しい時代に相応しい人としての生き方こそが求められなければならない。そうしたとき、人は自らの生き方を選択し、決断していかなければならない。孤独な生を実感する。そこでも、われわれはこのような生き方でいいのだろうかと大きな不安を抱く。

不易流行という言葉はもと芭蕉の俳諧用語で、不易は詩的生命の永遠性をいい、流行は詩の時々におけるはやりをいう。ここから、この語はいつの時代にも変わる面と同時に、変わらない面との、二つをもっていることを意味する。

変化する面は措《お》くとして、歴史とは何か。文化とは何か。人間とは何か。人間らしい生き方とは。平和とは何か。人間や世界にかかわるこの問いは不変である。不安な時代の中で、われわれはこの根源的な問いを掲げて、ささやかながらも歴史を、文化を、人間を追求していきたい。そうした営みの中で、人の生き方を考える道筋を求め、社会を照らす光を見出していきたい。

奈良大ブックレットは若い人たちを念頭においた。平易な言葉で記述することを心がけ、本学の知的人的資源を活用して歴史、文化、社会、人間について取り上げる。小さなテーマに見えて実は大きな課題を提起し、参考に供したいと念願する。

（奈良大学 理事長）

二〇一二年一〇月